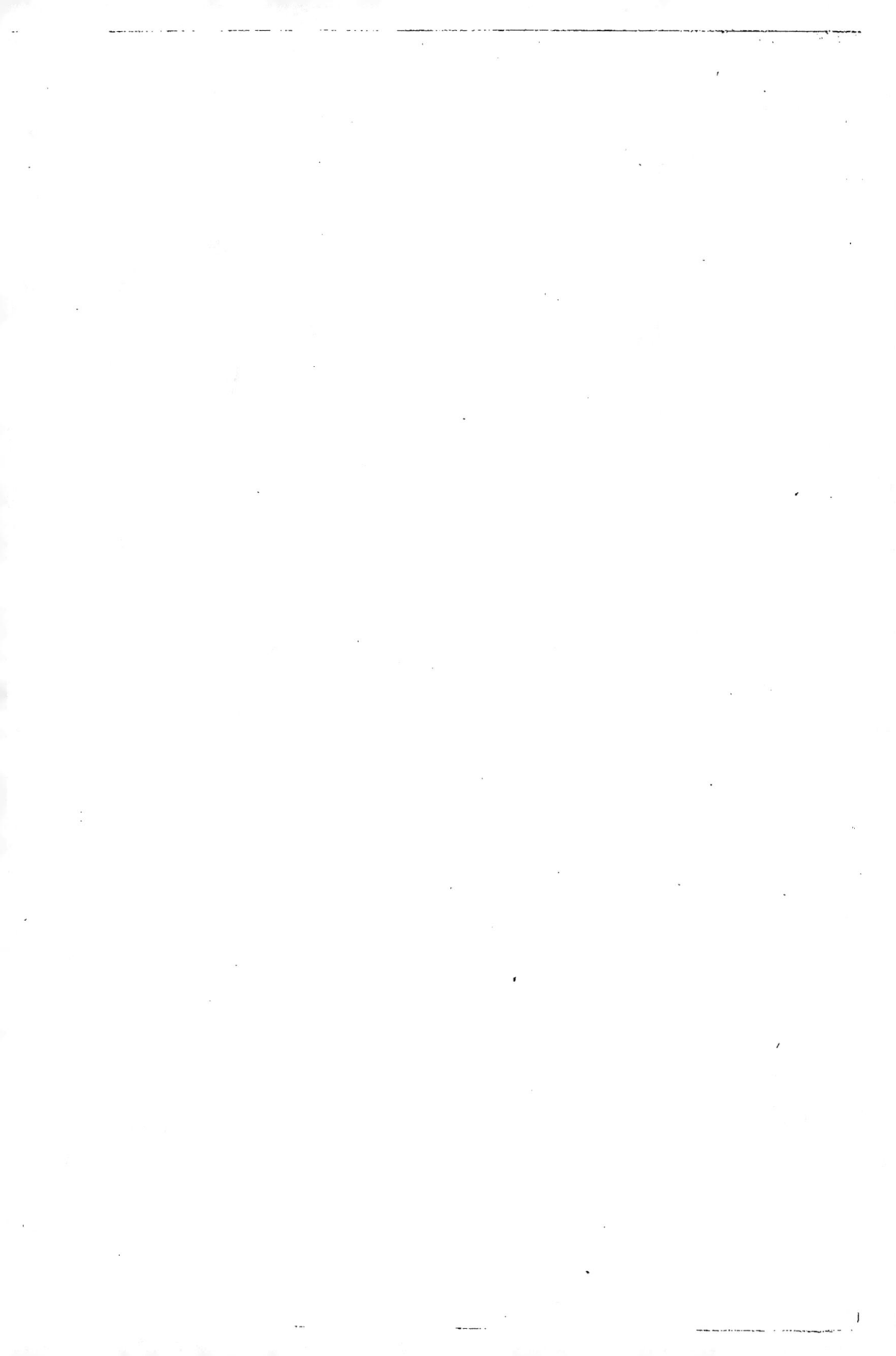

Ih 4
1353 bis

APPENDICE

NÉCESSAIRE A LA

CAMPAGNE DE L'EST

PUBLIÉE CHEZ J. ROUQUETTE

PAR MM. CREMER ET POULLET

SUITE ET FIN DE CETTE CAMPAGNE

Par l'ex-Colonel POULLET

PARIS

LIBRAIRIE DES CÉLÉBRITÉS CONTEMPORAINES

11, Rue Jacob, 11

BUT DE L'APPENDICE

A LA CAMPAGNE DE L'EST

Je ne saurais, sans manquer à ma conscience, à mes devoirs envers mes anciens compagnons d'armes, accepter la responsabilité du dernier chapitre de la *Campagne de l'Est.*

Car, si c'est une obligation sacrée pour l'historien de rétablir la vérité des faits qu'il a involontairement dénaturés, à bien plus forte raison, un chef est-il tenu dans le récit des opérations dont il a eu la direction, de réparer les omissions qu'il a commises envers ses inférieurs.

On comprendra le chagrin que j'ai ressenti, en voyant mon travail mutilé et la bataille de Nuits, copiée dans mon premier ouvrage, prendre la place de celle que j'avais composée d'après les documents les plus certains, en m'éclairant des nombreux ouvrages étrangers.

Je n'hésite pas à reconnaître que quelques erreurs, bien des omissions s'étaient glissées dans mon livre, paru au lendemain des événements. Mieux et plus complétement informé, je me faisais un devoir de rendre à ceux de mes anciens camarades injustement oubliés la justice à laquelle ils ont droit. Il n'a pas dépendu de moi que ces rectifications aient pris place dans la *Campagne de l'Est.*

Aussi, je viens aujourd'hui dégager ma responsabilité et remplir un engagement d'honneur en publiant ce que je crois être la vérité ; il me semble nécessaire que cette bataille de Nuits, si discutée, soit connue dans tous ses détails ; il faut aussi que la Campagne de Bourgogne soit complètement racontée.

Tel est le but de cet Appendice, suite et fin nécessaire de la *Campagne de l'Est.*

Il comprendra trois chapitres : Chapitre VII, *Bataille de Nuits.* — Chapitre VIII, *Opérations de Garibaldi pendant le mois de décembre* 1870. — Chapitre IX, *Conclusion de l'Ouvrage.*

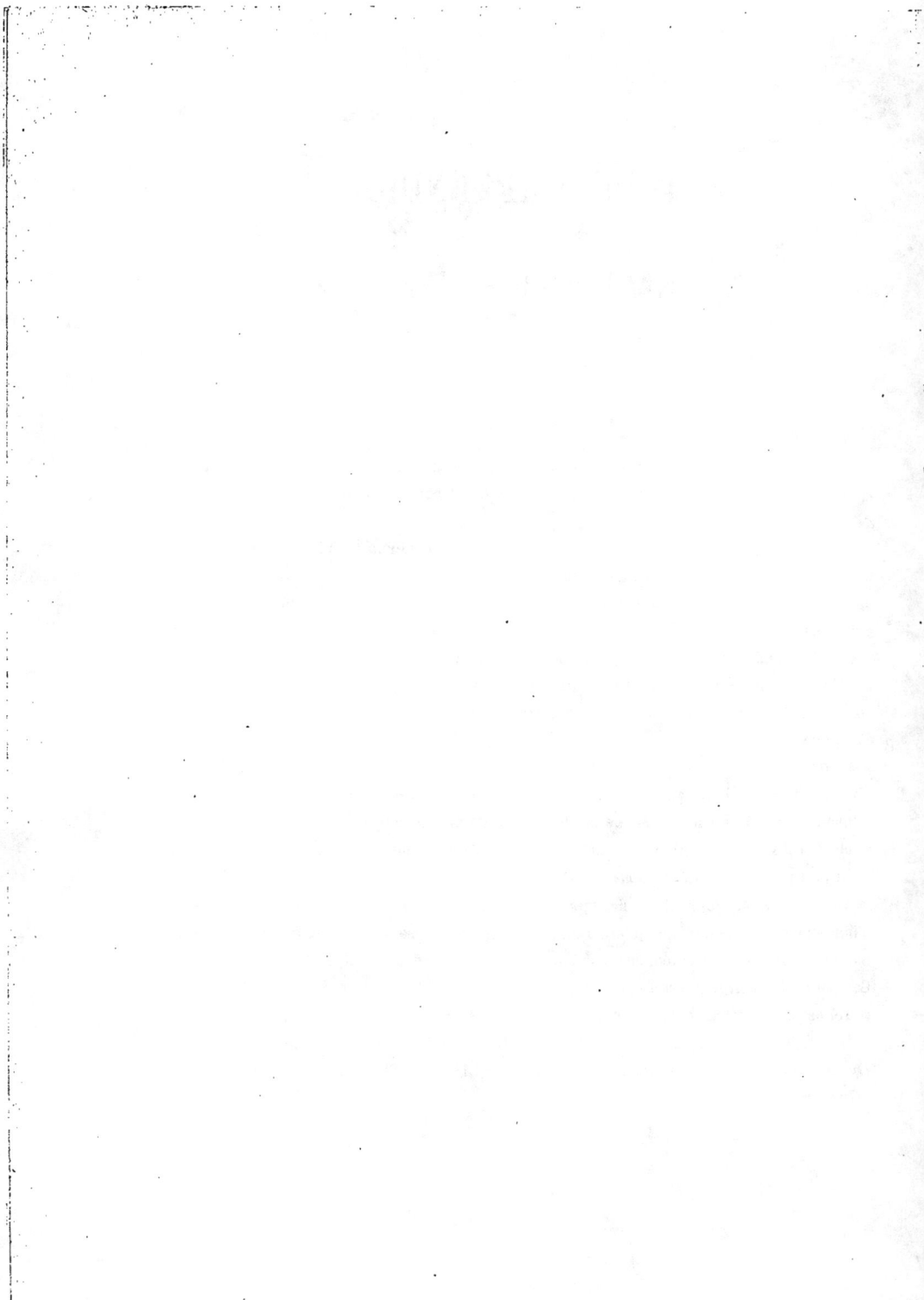

CHAPITRE VII.

Composition de la division Cremer à la date du 12 décembre 1872. — Armement des différents corps. — Emplacement des troupes. — Plan formé par le général Cremer de porter le théâtre de ses opérations dans l'extrémité de l'angle formé par la Saône et l'Oignon : avantages de ce plan basé sur le système de marche préconisé par Guibert, Napoléon 1er, etc. — Circonstances qui obligent Cremer de renoncer à son projet : 1° abandon par le commandant Bourras des villages de la montagne en avant de Nuits et sa retraite sur Châlons ; 2° menées du commandant Valentin pour entraîner le colonel Celler à abandonner Nuits. — Importance de la position de Nuits. — Conseil de guerre tenu à Chalon-sur-Saône entre les généraux Bressolles, Garibaldi, Cremer, Pellissier et le colonel Bordone. — L'attaque combinée de Dijon par les troupes de Garibaldi et de Cremer est résolue : Garibaldi doit s'avancer par la vallée de l'Ouche, Cremer par le Sud et l'Est. — Récit du général Pellissier. (Déposition devant la Commission d'enquête du 4 septembre.) — Projets de Garibaldi : appréciations erronées de ce général sur la situation des Prussiens et sur la portée de ses propres mouvements. — Dépêche adressée le 14 décembre par Cremer à Garibaldi pour le presser d'entreprendre l'attaque convenue contre Dijon. — Concentration de la division Cremer autour de Nuits. — Coups de main tentés contre les détachements de Werder. — Licenciement des chasseurs volontaires du Rhône (le sieur Marengo.) — Instructions adressées par le grand quartier général allemand aux généraux Zastrow et Werder. Ordre à Werder : 1° de détruire les chemins de fer en arrière de Besançon qui relient Besançon à Lyon et au chemin de fer de Paris-Lyon ; 2° de bloquer Langres ; 3° de faire une pointe sur Saulieu. — Le comte de Molkte prescrit à ces deux généraux de faire une guerre de marche. — Effets qu'eût produits le premier projet de Cremer sur le plan prescrit à Werder : 1° séparer en deux le 14e corps prussien (Werder) ; 2° couper en partie les communications de Zastrow de la deuxième et de la troisième armée prussiennes avec l'Allemagne ; 3° permettre à Garibaldi de dégager Langres, de se jeter dans les Vosges, de soulever les patriotiques populations de l'Est et d'intercepter toute communication des armées allemandes opérant en France avec l'Allemagne. — Nouvelles instructions du grand quartier général allemand reçues par Werder le 15 décembre. — Dispositions en conséquence prises par ce général.

BATAILLE DE NUITS.

Reconnaissance du général Cremer le matin du 18 décembre sur la grande route de Nuits à Dijon. — Description du champ de bataille. — Renseignements reçus à Nuits par le colonel Poullet sur la marche des Prussiens : premières mesures adoptées. — Retraite des trois compagnies de francs-tireurs des Pyrénées-Orientales (corps Bourras) des villages en avant de Nuits sur Seurre, exécutée sur l'ordre formel de Bourras. — Plan du général Cremer : ses instructions aux colonels Poullet, Celler, Graziani, commandants de l'aile gauche, du centre et de l'aile droite, et au commandant Camps, chef de l'artillerie et du génie. — Héroïque conduite du bataillon de la Gironde, de la première légion du Rhône et du 32e de marche. — Arrivée tardive du 57e de marche : part qu'il prend à la bataille. — Le colonel Millot, le capitaine Santelli. — Faute tactique de Cremer : emploi des chemins de fer. — Succès complet de l'aile gauche française. — Cremer veut reprendre la ville aux Prussiens par une attaque de nuit : motifs qui l'y font renoncer. — Incroyable inaction de Bourras pendant la bataille de Nuits. — Faute stratégique de Cremer dans les positions prescrites au général Pellissier. — L'épuisement des munitions oblige Cremer à battre en retraite sur Beaune où il s'établit solidement avec le 57e de marche et deux batteries d'artillerie envoyées de Lyon par le général Bressolles. — Assertions erronées contenues à ce sujet dans la déposition du général Pellissier devant la Commission d'enquête du 4 septembre. — Preuves tirées des dépêches télégraphiques et particulièrement de celles du général Pellissier lui-même. — Le colonel Poullet se porte à Chagny pour y réapprovisionner la division de munitions, d'effets d'habillement et d'équipement. Le 22, toute la division réorganisée est de nouveau concentrée à Beaune. — Pertes des Prussiens et des Français à la bataille de Nuits. — Nombre de troupes engagées. — Rang de la bataille de Nuits sous le rapport des pertes prussiennes, dans les plus sanglantes affaires de la première et de la deuxième partie de la guerre. — Conduite du commandant Valentin après Nuits : il bat en retraite de Chagny malgré la défense formelle du colonel Poullet. — Ses calomnies contre le bataillon de la Gironde. — Protestations contre ces calomnies adressées par le général Cremer aux journaux de Bordeaux et de Lyon. — Troubles produits à Lyon par les faux rapports d'officiers en sous-ordre et par les bruits répandus dans cette ville par les fuyards. — Assassinat du commandant Arnaud. — Evacuation de Nuits par les Prussiens, commencée à onze heures du soir, terminée à deux heures du matin. — Arrivée du gros des trois brigades de l'armée des Vosges (Menotti, Ricciotti, Bossak-Hauke) à Beaune le 19 décembre, postérieure à l'évacuation de Nuits par les Prussiens ; leur retour à Autun le jour même. — Effet direct de la bataille de Nuits : immobiliser Werder à Dijon. — Effets indirects : obliger Werder à renoncer, par suite de l'épuisement de ses forces à sa pointe sur Saulieu et à son mouvement contre les chemins de fer en arrière de Besançon (Blume). — Cremer veut reprendre aussitôt l'offensive ; ses dépêches à l'appui. — Faute capitale commise par Garibaldi et le colonel Bousquet de ne pas avoir profité de l'épuisement des troupes prussiennes après la bataille de Nuits pour accabler Werder par une rigoureuse offensive. — Fâcheux effet de l'absence d'unité de commandement en Bourgogne, à cette date. — Opportunité de l'entrée en campagne à ce moment du général Bressolles et de la réunion sous son commandement suprême de toutes les forces disponibles dans la contrée. Vigoureuse impulsion donnée aux opérations par cette autorité indiscutée de tous : conséquences de cette mesure. — Réponse aux critiques adressées à la bataille de Nuits par le général Ambert, les colonels Rustow, Ferrer et Valentin. — Opérations des colonels Fisher et Kingkler dans les vallées de la Saône et de l'Oignon. — Combat de Pesmes (19 décembre). — Exécution du maréchal-des-logis d'artillerie Chenet. — Le général de Bressolles vient prendre le commandement des troupes rassemblées à Beaune : formation des divisions du 24e corps et de la division Cremer en vue de la campagne de l'Est.

NOTE : Il n'y a rien à changer aux considérations qui précèdent la bataille de Nuits, depuis le commencement du chapitre VII jusqu'au bas de la page 346 : départ d'Olzewski. Nous continuons notre récit à ce point.

A l'appui de notre affirmation nous avons invoqué le témoignage de cet officier lui-même. Voici l'extrait de sa lettre qui a rapport à ce fait :

« *Dawideny, le 28 janvier 1874 (duché de Bukowina), Empire d'Autriche.*

. . . .

« *Quant à l'explication demandée par vous sur l'ordre que j'ai reçu du colonel Bourras,*
« *la veille du jour de la bataille de Nuits, de quitter ma position d'avant-postes, sans*
« *aucun retard et de le rejoindre à marche forcée vers Seurre, je regrette infiniment de*
« *ne pouvoir vous satisfaire comme je le voudrais ; car tous les documents relatifs à cette*
« *affaire, je les ai laissés à Perpignan où je ne reviendrai pas de si tôt. Je certifie seule-*
« *ment que le colonel Bourras m'a donné un ordre formel et pressant de quitter au point*
« *du jour ma position occupée aux avant-postes de l'armée du général Cremer et de le*
« *rejoindre (le colonel Bourras) à marche forcée. Mon devoir était d'obéir et j'ai obéi !*

« *Quant aux faits d'armes du général Cremer, autant que je suis en état de les juger,*
« *comme témoin et durant mon service sous ses ordres, je lui en témoignerai toujours ma*
« *sincère vénération.*

« *C'était un chef qui méritait la confiance de nous tous et dont le courage, la capacité*
« *et le dévouement étaient à la hauteur du danger et de son amour pour la patrie. Ce*

« n'est que plus tard que je fus informé de la jalousie de métier qui existait entre le géné-
« ral K... et le colonel B..., chose bien triste quand l'intérêt personnel subordonne tout à
« ses penchants illicites.

« BENOIT OLZEWSKI,

« Chef d'escadron (Autriche) Bukowina, par Stocowyna,

« à Dawideny. »

Quant au fait lui-même il est maintenant hors de discussion, et l'on voit par là le
prix qu'on doit attacher aux assertions de M. Valentin.

Mais aussi quelle leçon de discipline, d'obéissance, un officier étranger, brave entre
tous, élève de l'école militaire autrichienne, donne-t-il, sans s'en douter, à notre prudent compatriote : « Mon devoir était d'obéir et j'ai obéi ! »

Preuve frappante que l'intelligence, la science, l'expérience de la guerre ne font
qu'inspirer davantage le respect de la discipline et la soumission aux ordres des chefs.

Nos lecteurs comprendront combien nous sommes sensibles à l'opinion du commandant Olzewski. Ce soldat qui nous a vus à l'œuvre, grièvement blessé au service
de la France, nous venge des calomnies amoncelées contre nous.

Quand Cremer fut de retour à Nuits et que le colonel Poullet lui eût rendu compte des
renseignements reçus sur la marche des Prussiens, il résolut de livrer une bataille
défensive autour de Nuits. Son plan était de lutter à outrance dans les excellentes
positions qui s'appuyaient sur Chaux, de manière à user les forces de l'ennemi en détail,
pour, suivant les chances de la fortune, soit se retirer sur les hauteurs de Chaux et y
défier toutes les attaques des Prussiens, jusqu'au moment où les renforts venus d'Autun,
de la Saône et de Lyon viendraient donner le coup de grâce à Werder; soit, au contraire, si la chance des armes nous était favorable, pour, aussitôt l'arrivée du 57e de
marche à Nuits, former une forte colonne avec ce régiment et avec toutes les troupes
du centre et les réserves disponibles, puis précipiter comme un ouragan cette masse
énorme, de manière à percer la ligne ennemie par son centre. Si l'on réussissait dans
cette tentative, l'aile gauche des Prussiens, coupée et rejetée sur Beaune, à l'exception
de la cavalerie qui aurait toujours pu s'échapper, était perdue sans retour. Dans cette
lutte décisive l'artillerie tout entière devait prendre position, de manière à soutenir
efficacement l'attaque de l'infanterie en concentrant ses feux sur le centre de la ligne
ennemie.

Le général Cremer réunit ensuite les colonels Graziani, Celler et Poullet et le commandant Camps, chef de l'artillerie et du génie, pour leur donner ses instructions. Le lieutenant-colonel Graziani devait aller prendre à Boncourt le commandement de l'aile droite.
Il avait l'ordre, s'il était forcé d'abandonner ce village, de se retirer sur le château de la
Berchère, dont les murs, épais d'un mètre, bravaient le canon. Ce château avait
été mis en état de défense et se trouvait protégé par les deux obusiers de montagne à
âme lisse provenant des chasseurs volontaires du fameux Marengo. Ces deux obusiers
avaient été placés sur le flanc droit et un peu au Sud de la route de Boncourt et soigneusement cachés derrière un pli de terrain. Ils ne devaient commencer à tirer que quand
les colonnes ennemies se porteraient à l'assaut du château, de façon à les prendre
d'écharpe et à protéger la retraite des défenseurs de la Berchère, quand cette position
deviendrait intenable. Malheureusement ces deux petites pièces n'étaient approvisionnées
qu'à quarante coups chacune et n'avaient pas plus d'une douzaine de boîtes à mitraille.
La Berchère se trouvait heureusement disposée pour la défense, car la porte principale
du château donne sur la route de Boncourt, et on avait facilement pratiqué d'autres

ouvertures du côté de Nuits. Les bâtiments se composaient d'une façade et de deux ailes construites perpendiculairement en arrière de la façade. La cour, comprise entre ces bâtiments, était fermée par un mur très-élevé, parallèle à peu près à la route de Boncourt. Enfin le château était entouré des quatre côtés de fossés secs, profonds de deux mètres et larges de quatre mètres environ.

Le lieutenant-colonel Graziani occupait le village de Boncourt avec un bataillon du 32ᵉ de marche et les deux compagnies des éclaireurs forestiers du Rhône qui, à l'approche des colonnes ennemies, avaient dû se replier, après un léger engagement, de Fenay, Broindon, Epernay, sur Boncourt. Une compagnie du bataillon des mobiles de la Gironde occupait la Berchère.

L'aile droite se trouvait encore soutenue par deux pièces de la 22ᵉ batterie du 12ᵉ d'artillerie, sous les ordres du sous-lieutenant de Dartein. Postées à mi-distance entre la Berchère et Agencourt, un peu en avant de ce chemin, elles appuyaient très-efficacement les défenseurs de Boncourt, en prenant une attaque de front contre ce village presque d'enfilade, et soutenaient leur retraite soit sur la Berchère, soit sur Agencourt. Le lieutenant de Dartein avait l'ordre, en cas de retraite de notre aile droite, de se replier rapidement et de prendre position au coude que fait le chemin de Nuits à Agencourt, un peu avant d'arriver à ce village.

Le général Cremer avait formellement prescrit au colonel Graziani de ne pas s'obstiner dans la défense de Boncourt, car ce village, entouré d'un cercle de bois Nord-Est-Sud, était trop propre à masquer le mouvement tournant de l'ennemi, pour qu'il ne fût pas opéré de ce côté.

L'important était donc de se retirer, après avoir suffisamment arrêté l'ennemi pour l'obliger à étendre son aile gauche et à ralentir sa marche par son passage dans les bois.

Quatre compagnies de la Gironde et un bataillon de la deuxième légion du Rhône, complétement défilés derrière le remblai du chemin de fer, formaient les réserves de Graziani. Quatre pièces de la batterie Armstrong de la première légion du Rhône, sous les ordres du capitaine Pitrat, furent établies sur la route de Prémeaux ; elles prenaient d'écharpe les batteries prussiennes et s'opposaient aux tentatives que l'ennemi faisait pour nous tourner.

Ce n'était pas sans raison que le général Cremer avait pris ces dispositions pour ces quatre pièces. En les portant à l'extrême aile droite et sur le front des troupes, par suite de la proximité des bois, elles n'auraient eu qu'un champ de tir restreint et se seraient vues exposées à être enlevées. Or, si comme l'enseigne Guibert, et comme le pratiqua constamment le maître de l'artillerie moderne, le vertueux général Drouot, on ne doit jamais hésiter à sacrifier une partie de son artillerie pour atteindre son but, dans la position où nous nous trouvions, la perte de quelques pièces eût été un véritable malheur ; car c'est un principe consacré par l'histoire de nos guerres de la Révolution et de l'Empire que les troupes ont besoin d'une artillerie d'autant plus nombreuse qu'elles sont moins solides ; toutes nos pièces, déjà si peu nombreuses, étaient nécessaires pour protéger la retraite probable de l'aile droite et pour frapper le coup décisif. Enfin, quand les arsenaux sont vides, c'est de toutes les armes l'artillerie qu'il est le plus long, le plus coûteux, le plus difficile d'improviser.

Le colonel Celler reçut le commandement du centre, il avait sous ses ordres les trois bataillons de la première légion, un bataillon de la deuxième légion. Il reçut l'ordre de défendre Vosne avec deux bataillons et d'établir un autre bataillon en arrière de Vosne, derrière la tranchée du chemin de fer, qui, étant à peu près perpendiculaire à la ligne

Nuits-la-Berchère-Boncourt, la flanque directement. Cremer lui prescrivit, dans le cas où il évacuerait Vosne, de se replier sur la Fontaine de Vosne, à environ un kilomètre en arrière.

La défense du plateau de Chaux, sur laquelle était l'aile gauche, fut confiée au colonel Poullet. Ce choix indique clairement l'importance que le général attachait à cette position; car Cremer eut constamment pour règle, pendant toute la campagne, de prendre pour lui-même le poste le plus difficile et de confier celui qui venait après à son chef d'état-major. C'est d'ailleurs le conseil que donne, dans ses remarquables études sur l'art de conduire les troupes publiées après la dernière guerre, le savant colonel d'état-major prussien Verdy du Vernois.

Le colonel Poullet, qui avait sa grand'garde à Concœur, devait défendre à outrance le plateau de Chaux. « *Il faut garder ce poste à tout prix, lui avait dit Cremer. Vous avez* « *carte blanche sur toute l'artillerie, pour l'employer tout entière contre l'aile droite ennemie.* « *N'hésitez pas, si l'ennemi fait des progrès, à me demander toutes mes réserves. Peu* « *importe d'être battu ailleurs, si nous conservons Chaux. Nous recommencerons demain;* « *l'arrivée de Pellissier et de Garibaldi achèvera les Prussiens.* »

Le colonel Poullet emmena avec lui un bataillon du 32e et quatre pièces de la 22e batterie du 9e d'artillerie, ce qui, joint au bataillon du 32e et à celui de la 2e légion, et aux deux pièces de la 22e batterie du 9e d'artillerie placées à la Bergerie (pointe Est du plateau de Chaux), faisant face au plateau de Concœur, donnait pour les forces de l'aile gauche un total de trois bataillons et d'une batterie d'artillerie.

Le général termina ainsi ses instructions à ses trois lieutenants :

« *La première ligne de tirailleurs doit être très-faible, les hommes défilés autant que* « *possible; les soutiens seront échelonnés peu en arrière de cette ligne par petites fractions* « *et placés avec soin derrière des accidents de terrain qui les dérobent aux regards de* « *l'ennemi.*

« *Les réserves de bataillon seront plus loin encore et autant que possible à l'abri du feu* « *des Prussiens.*

« *Les soutiens feront des retours offensifs quand les commandants d'aile jugeront que les* « *Allemands faiblissent sous notre feu.*

« *Quand on battra en retraite, on se retirera derrière les soutiens; ceux-ci arrêteront* « *l'ennemi à bonne portée par des feux de salve, puis prendront aussitôt une vigoureuse* « *offensive.*

« *Seul, le commandant de l'aile gauche, à l'exception du plateau de Concœur, où il est* « *utile de garder l'offensive, se tiendra dans une défensive passive absolue, attendant* « *derrière ses formidables positions l'assaut de l'ennemi et cherchant même à l'y attirer.*

« *La plus grande faute que l'on pourrait commettre à l'aile gauche est de se laisser en-* « *traîner à la poursuite de l'ennemi et d'abandonner ainsi le plateau de Chaux qui est le* « *réduit, l'abri imprenable de toute la division, en cas de retraite.* »

Le soin apporté dans le placement des troupes sur un terrain parfaitement étudié fut une des causes des pertes éprouvées par l'ennemi et de l'insuccès de ses attaques.

Tirant au hasard sur des hommes qu'ils ne voyaient pas, pris plusieurs fois en flanc par des compagnies dont ils ne soupçonnaient pas la présence, les Prussiens n'avançaient qu'avec timidité.

Le commandant d'artillerie Camps fut chargé d'aller lui-même choisir pour ses pièces les emplacements les plus propres à satisfaire aux prescriptions suivantes :

« *Quatre canons de la 22e batterie du 12e régiment d'artillerie commandés par le capi-* « *taine Viala et une section de la batterie Armstrong, sous les ordres du capitaine*

« *Worms, devaient s'établir sur le plateau de Chaux, de manière à s'opposer à la marche*
« *des Prussiens contre la ligne Nuits-Boncourt. Les quatre autres pièces de la batterie*
« *Armstrong devaient être placées au-dessus de la route de Prémeaux, à mi-côte, comme*
« *nous l'avons dit plus haut.* »

A l'extrême aile gauche, le colonel Poullet établit vers la pointe Nord-Ouest du
plateau du bois Poinsot, sur un terre-plein découvert qui sépare le bois en deux, les
quatre pièces du capitaine Aubrion. De ce point, on domine Villars-Fontaine et l'on
enfile la partie de la vallée du Meuzin qui descend du Nord au Sud.

Le colonel Poullet ne modifia que très-peu les dispositions prises par le commandant Maffre-Lacan du 32e, qui était depuis le matin avec son bataillon en grand'garde
sur le plateau de Chaux. Il prit ses mesures contre un mouvement tournant sur sa
gauche, en plaçant deux compagnies du 32e sur la lisière du bois Poinsot, face au
ravin perpendiculaire à celui qui sépare le plateau de Chaux de celui de Concœur.
Le colonel parcourut ensuite le front de la ligne pour rectifier la position des tirailleurs, renforçant les points par lesquels l'ennemi pouvait déboucher et rapprochant
d'eux les soutiens, — donnant aux officiers et aux sous-officiers des explications
sommaires sur l'importance de leurs positions et sur les moyens de repousser
l'ennemi, recommandant de se bien défiler et de ne tirer qu'à coup sûr, insistant sur
la nécessité de ne pas se montrer pour agir plus efficacement sur le moral des
assaillants.

Le commandant Guépy fut chargé de la défense du plateau de Concœur, qui n'était
occupé que par la compagnie des mobiles de la Gironde du capitaine Monnier. Trois
compagnies de la 2e légion du Rhône, une du 32e vinrent y renforcer nos avant-
postes. Le commandant reçut pour instruction de prendre énergiquement l'offensive.
En menaçant le flanc de la colonne qui s'avançait sur Vosne et celle qui marchait sur
Chaux par le bois de Mantuan, le colonel Poullet comptait, pour le moins, retarder la
marche des Prussiens sur Vosne et sur le plateau de Chaux. La grand'garde de
Concœur fut reliée aux troupes de la Bergerie par des soutiens échelonnés, de telle
sorte que la retraite du commandant Guépy sur la Bergerie fût toujours assurée.

Le bataillon du 32e, du commandant Pardieu, fut placé en entier en réserve dans
le village de Chaux.

C'est pendant que le colonel Poullet, accompagné du commandant Maffre-Lacan,
faisait la reconnaissance de la ligne de bataille que furent tirés les premiers coups de
canon. Étant à cheval, ces deux officiers supérieurs servirent de point de mire aux
artilleurs prussiens. Telle était la précision du tir de l'ennemi que ces officiers se
voyaient entourés d'un cercle de feu et qu'un éclat d'obus venait bientôt tuer le cheval
du colonel.

Notre ligne de bataille s'étendait donc depuis le bois Poinsot à l'extrême gauche,
sur le plateau de Chaux, avec une grand'garde sur le plateau de Concœur, descendait
à Vosne pour se rabattre par la ligne ferrée sur la Berchère et se terminer à Boncourt
à l'extrême droite.

Ainsi la position des troupes françaises à Nuits ressemblait complètement à celle
d'une armée rangée en bataille autour d'une immense forteresse très-élevée, et assez
rapprochée de ce vaste camp retranché pour en tirer appui pendant le combat et s'y
réfugier en cas de retraite.

Les troupes prussiennes s'avançaient contre nous en trois colonnes.

Le général Degeufeld, cantonné depuis le 17 au soir à Urcy (7 kilomètres au sud-
ouest de Dijon), s'était mis en marche, dès le lever du jour, avec sa brigade d'infan-

terie, deux batteries d'artillerie et un escadron de cavalerie vers le plateau de Chaux, par Quémigny, Ternant, l'Étang-Vergy, Villars-Fontaine. Pour se relier à la colonne du centre, il avait détaché sur sa gauche un bataillon qui, prenant par Chambœuf, Curley, puis par le bois de Mantuan, tombait sur Concœur.

La colonne du centre, formée du 5ᵉ régiment d'infanterie (brigade Keller), d'une batterie et d'un escadron, avait quitté Dijon le 18, à cinq heures du matin, et se portait directement sur Nuits par la route nationale de Dijon à Beaune. Elle avait, en passant à Morey, dirigé un de ses bataillons par Chambolle, contre le plateau de Concœur, qui se trouvait ainsi exposé à l'attaque de front d'un bataillon et à l'attaque de flanc d'un autre.

Le général-lieutenant de Glümer, qui avait le commandement de l'expédition, était parti de Dijon à cinq heures du matin, à la tête du *gros*, qui comprenait la brigade d'infanterie prince Guillaume de Bade, la brigade de cavalerie Willisen et quatre batteries. Cette colonne avait traversé Epernay, Broindon, d'où elle avait chassé les deux compagnies d'éclaireurs-forestiers du Rhône, et s'était déployée face à Boncourt. La présence de la cavalerie à l'aile gauche des Prussiens indiquait clairement l'intention de l'ennemi de tourner notre droite.

Le combat s'engagea à notre extrême aile gauche, vers dix heures et demie du matin, par quelques obus lancés par les Prussiens, comme nous l'avons mentionné plus haut. Le capitaine Aubrion riposta aussitôt, en ouvrant à 2,000 mètres sur Villars-Fontaine un feu des plus vifs. Telle fut la précision de son tir que trois pièces prussiennes furent successivement démontées. Notre canon fit aussi les plus grands ravages parmi les réserves massées dans le village.

Les Prussiens usèrent alors de leur tactique habituelle. Profitant de la supériorité de portée de leur artillerie, ils reculèrent en arrière de Villars-Fontaine, et à une distance où ils se trouvaient à l'abri de nos pièces, ils firent éprouver à notre batterie des pertes sérieuses en hommes et en chevaux. Le capitaine Aubrion fut grièvement blessé, avec douze de ses artilleurs, et eut huit hommes tués.

Le colonel Poullet prescrivit alors de changer souvent de place les pièces, de manière à déranger le plus possible le tir de l'ennemi. Malgré ses pertes, cette batterie ne cessa pas un instant son feu de toute la journée.

Degeufeld, qui ne s'attendait pas à voir déjà les Français en position, déploya aussitôt ses masses, et en même temps qu'il renforçait les tirailleurs du bois Mantuan, il lança ses tirailleurs, soutenus en arrière par des colonnes de compagnie, à l'attaque du plateau de Chaux. Il s'engagea alors à l'aile gauche une série de petits combats. Bien conduits par leurs officiers, les soldats allemands s'entêtaient à découvrir quelque fissure qui leur permit de percer ; partout leurs efforts se trouvaient déjoués par la vigilance des Français invisibles et à l'abri derrière les mouvements de terrain ; partout les flanquements, mis habilement à profit et auxquels se prêtait merveilleusement le terrain, faisaient tomber ces téméraires, sans qu'il en coûtât aucun dommage pour nos soldats.

Cette lutte d'homme à homme continuait ainsi jusqu'à quatre heures et demie ; les Prussiens, toujours repoussés, revenaient à la charge avec la ténacité des vieilles troupes. Le colonel Poullet et le commandant Maffre-Lacan, qui parcouraient constamment notre ligne, contenaient à grand'peine l'ardeur de nos soldats enhardis par le succès ; ils ne cessaient de répéter aux officiers et aux hommes que les mouvements rétrogrades de l'ennemi n'étaient que des feintes pour nous faire abandonner nos excellents abris et nous attirer dans des embuscades.

Le combat se continua ainsi à l'aile gauche jusqu'à quatre heures et demie environ, moment où les Prussiens, repoussés sur tous les points et épuisés de fatigue, se mirent en pleine retraite sur l'Etang-Vergy.

« *A trois heures, dit Rustow* (1), *Degeufeld fut vigoureusement attaqué par l'aile* « *gauche de Cremer, que ce dernier avait renforcée dans son mouvement de concentration* « *sur Nuits. Degeufeld fut forcé de se mettre en retraite à quatre heures sur Marsannay* « *et Périgny* (*villages situés sur la grande route de Nuits à Dijon, à quelques kilomètres* « *de cette dernière ville*) *où il arriva vers minuit.*

« *On comprend facilement qu'il ne fut pas poursuivi par les Français.* »

Sans même parler des autres péripéties de la bataille, il est évident que le colonel Poullet ne pouvait abandonner une position dont la possession, quelle que fût l'issue de la lutte, assurait la retraite de la division et préparait la victoire.

Il est un point important à signaler ; c'est que tous les auteurs allemands sans exception constatent le complet succès de l'aile gauche française, souvent même dans des termes que nous trouvons beaucoup trop élogieux. La victoire des Français sur ce point décisif est donc hors de doute, de l'aveu même de nos adversaires.

Le commandant Guépy luttait sur le plateau Concœur avec une ténacité que rien ne lassait. C'était une de ces natures ardentes dont le tempérament s'accommode mal de la défensive ; aussi était-il bien l'homme de la situation. Il ne perdait pas de vue le moindre mouvement de l'ennemi ; il saisissait rapidement son côté faible et en profitait pour le harceler par des retours offensifs répétés. Il était partout, reformant sans cesse ses sections, les défilant soigneusement et profitant avec audace, pour s'élancer à la baïonnette, du moment où, ébranlés par un feu qui sortait de tous les fossés, de tous les buissons, les Prussiens fuyaient en désordre. Ce vaillant officier ne leur laissait ni trève, ni repos : il combattait avec autant d'acharnement que d'habileté, et déjouait sans cesse tous leurs efforts.

Aussi la citation que Cremer décerna au commandant Guépy, pour l'héroïsme dont il avait fait preuve sur le plateau de Concœur, fut-elle applaudie de toute l'armée comme un acte de justice.

Il ne faut pas omettre que les deux pièces du lieutenant Legoux, établies à la Bergerie, secondèrent efficacement le commandant Guépy.

L'émulation qui s'était élevée entre les compagnies du 32e de marche, de la 2e légion du Rhône et du bataillon de la Gironde, facilitèrent singulièrement la tâche du commandant. Il est beau de voir l'esprit de corps servir à entraîner nos soldats à se surpasser mutuellement.

L'excès du bien est quelquefois malheureusement un mal. Ainsi, le brave capitaine Monnier, à la tête de ses Girondins, n'écoutant que son courage, poursuivit si loin l'ennemi que le soir, quand on battit en retraite, on s'aperçut que cette compagnie manquait complétement à l'appel. On crut que ces jeunes gens avaient été victimes de leur témérité et s'étaient fait enlever. Le capitaine Monnier s'était enfin aperçu qu'il risquait de se faire envelopper ; il battit alors en retraite par les bois, et arriva le matin vers trois heures sur le plateau de Chaux, qu'il trouva inoccupé. Là, il apprit par les habitants la retraite de Cremer sur Beaune, où il rejoignait à huit heures son bataillon, heureux et fier de retrouver les vaillants camarades qu'ils avaient crus victimes de leur *furia francese.*

A onze heures du matin, le combat était devenu général.

(1) *Guerre des frontières du Rhin,* par le colonel Rustow. — Paris, chez Dumaine.

Le colonel Celler défendait Vosne avec un bataillon de la 1re légion. Ces braves soldats ne se laissaient pas entamer; malgré les pertes énormes que leur faisait éprouver l'artillerie ennemie, ils repoussaient victorieusement les assauts que leur livraient les Prussiens.

A Boncourt, le colonel Graziani, appuyé par le feu de la Berchère, résistait énergiquement à trois attaques. Mortellement blessé, il ne quitta pas son commandement et dirigea lui-même la retraite sur le château de la Berchère, quand l'incendie d'une partie du village et le mouvement des Prussiens sur Agencourt ne lui permirent plus de tenir sa position.

C'est dans cette marche rétrograde que le sergent-fourrier du 32e, baron de Vassal-Cadillac, reçut une balle qui lui traversa l'épaule droite. Ce vaillant jeune homme n'en continua pas moins à combattre jusqu'au moment où l'hémorrhagie, survenue à la suite d'une deuxième blessure, l'étendit sans connaissance. Cet intrépide soldat, qui peu de temps avant la guerre servait aux zouaves pontificaux, était à peine remis de deux graves blessures qu'il avait reçues, en se signalant à la Burgonce. En vertu des pouvoirs qui lui étaient conférés, le général Cremer le nomma sous-lieutenant. Malheureusement, cet officier ne jouit pas longtemps d'un grade si bien gagné; car, peu de mois après, il succombait à ses glorieuses blessures. Il fut le seul officier de la division Cremer qui vit confirmer, par la Commission législative, le grade gagné pendant cette pénible campagne où ce corps, qui ne s'éleva jamais à onze mille hommes, perdit cependant, dans les différentes affaires, quatre-vingt-sept officiers et trois mille huit cents hommes tués ou blessés.

La retraite du 32e, faite avec un ordre admirable par échelons et soutenue du feu redoublé de la Berchère et des deux pièces de Dartein, ne fut pas inquiétée par les Allemands. Arrivé à la Berchère, Graziani renforça les points faibles, et par une vigoureuse sortie qu'appuya énergiquement le commandant de Carayon-Latour, en tombant sur les flancs de l'ennemi, le refoula sur Boncourt.

Suivant l'ordre qui lui avait été donné, M. de Dartein porta ses pièces au coude de la route, en arrière d'Agencourt.

Après la prise de Boncourt, le général de Glümer étendit sa ligne vers Agencourt, en portant la cavalerie Willisen sur ce village, de sorte que la ligne prussienne, tournée vers Vosne et la Berchère, faisait face au Sud et à l'Est.

Les Prussiens s'arrêtèrent un instant pour remettre de l'ordre dans leurs colonnes : ils étaient disposés en deux lignes : la première, précédée d'un épais rideau de tirailleurs, était formée de colonnes de compagnie; la deuxième, de bataillons serrés en masse. Cette formation dévoilait bien le projet d'un vigoureux effort, d'un assaut décisif. Aussi Cremer renouvela l'ordre à son artillerie de s'acharner sur ces masses et d'y jeter un désordre qui arrêterait leur marche.

A ce moment, le combat redoubla d'acharnement; les Prussiens faisaient pleuvoir une grêle d'obus sur la Berchère, pendant qu'ils essayaient d'enlever les mobiles de la Gironde avec des masses d'infanterie et de cavalerie. Ces vaillants soldats, conduits par un chef héroïque, se battaient avec une rage, un aplomb qu'on aurait admiré chez de vieilles troupes. Ils ne se laissaient même pas emporter par leur bouillante ardeur; attentifs et dociles à la voix de leurs chefs, ils manœuvraient avec la même précision qu'au Champ-de-Mars. Les braves Girondins ne firent que des feux à commandement et l'emploi de leurs munitions avait été si bien réglé qu'après une journée aussi chaude, où ils avaient occupé le premier rang, chacun d'eux n'avait brûlé que quarante-cinq cartouches.

Quand on voit une troupe si jeune donner à la fois le rare exemple de la solidité au feu, de l'exécution vigoureuse des ordres et de l'élan naturel à notre armée, on est amené à rechercher la cause qui peut produire cette supériorité d'un corps formé à la même époque et dans les mêmes conditions que plusieurs autres. On peut affirmer que cette éclatante supériorité est presqu'entièrement due à l'influence du chef placé à la tête de ce corps; et si le bataillon de la Gironde acquit, dès le principe, et conserva durant la campagne une si brillante réputation, il en est redevable à son intelligent et dévoué commandant, M. de Carayon-Latour. Tout le monde comprend combien il est difficile de commander à des mobiles; il faut qu'un chef soit non-seulement bon organisateur, mais encore qu'il soit doué de beaucoup d'activité et de coup d'œil. Ayant sous ses ordres des officiers dont les connaissances militaires sont nécessairement imparfaites, il faut que le chef se multiplie et qu'il entre chaque jour dans les plus petits détails, qui tous à la guerre ont leur importance. Il faut qu'il veille constamment au bien-être de ses hommes et qu'il sache inspirer confiance à tous. En un mot, pour bien commander à de jeunes troupes instruites et équipées à la hâte, il faut être un chef parfait.

C'est dans cette lutte devant la Berchère que le général de Glümer, le prince de Bade et son aide-de-camp furent blessés. Le colonel de Reuss, qui prit le commandement après eux, fut tué. Mais Werder venait d'arriver sur le champ de bataille et prenait le commandement des troupes.

La cavalerie prussienne s'ébranla de nouveau; le lieutenant de Dartein arrêta son mouvement, en la criblant de projectiles. Un instant, nos deux pièces faillirent être enlevées par les dragons badois; une compagnie de volontaires libres du Rhône, qui veillait à la droite de nos artilleurs, par une décharge à bout portant, faucha l'impétueux escadron. Cremer était à peu de distance avec le commandant Camps; il n'avait pas vu, sans trembler pour ses canons, la charge de cavalerie. Le mouvement tournant de Willisen se prononçant toujours davantage, les deux pièces risquaient de se voir coupées : aussi Cremer donna-t-il l'ordre à Dartein de se replier un peu en avant de la gare du chemin de fer. Superbe d'audace, plein de mépris du danger, le jeune lieutenant portait au galop ses pièces et criblait les Prussiens de ses boîtes à mitraille; c'était lui qui maintenant chargeait les Prussiens et jetait le gant à leurs masses imposantes.

Ce jeune homme, qui sortait à peine de l'école, n'était-il pas un de ces artilleurs modèles, auxquels toute l'Europe rend justice? C'est qu'aussi de Dartein était de Strasbourg et que, menacé de perdre ses foyers, il faisait la guerre avec cette rage qui assure toujours la victoire, en dépit même du génie.

Werder renforça les troupes qui menaçaient Vosne et, avec le reste de ses forces, marcha contre la Berchère.

La lutte redoublait d'acharnement de toutes parts.

Devant la Berchère, les Prussiens, surpris d'une résistance aussi acharnée, ne reculaient devant aucun sacrifice pour nous rejeter sur Nuits. Ils lançaient leurs troupes par masses, semblant les offrir en holocauste à nos canons de Chaux, de la gare et de Prémeaux. Notre artillerie, dans cette journée, fut admirable de précision, de sang-froid et d'habileté; une grande part de la gloire de cette belle bataille revient aux braves canonniers, toujours impassibles sous cette grêle de projectiles.

Cremer renforça les Girondins par l'envoi sur leur droite des volontaires libres du Rhône, commandés par le lieutenant Joly, et des francs-tireurs d'Alger, du lieutenant Lhérillier. L'impétuosité avec laquelle ces excellentes troupes chargèrent, fit reculer les Prussiens. C'était un magnifique spectacle pour un cœur français que celui qu'offrait alors le champ de bataille : d'un côté, le 32e vomissant un feu d'enfer et recevant dans le château une véritable pluie d'obus, à sa droite les lignes régulières des Girondins, laissant approcher l'ennemi pour en joncher le sol, à la voix de leurs chefs; à l'extrême droite, ces deux braves compagnies de francs-tireurs, que les obstacles rendaient plus terribles encore. Au centre l'ennemi s'acharnait après Vosne, et malgré l'héroïsme de Celler, malgré les renforts qu'envoyait Cremer, réussissait à s'en emparer et à nous rejeter sur Nuits. Renforcé par les troupes que Cremer amenait en personne de Nuits, Celler s'arrêtait à la Fontaine de Vosne et barrait de nouveau la route aux Prussiens.

Le général Cremer comptait qu'il était nécessaire d'arrêter le mouvement sur Nuits, en augmentant la puissance des effets du feu de l'artillerie, et dans ce but il prescrivit au commandant Camps de concentrer, au sommet du plateau de Chaux, les deux pièces du capitaine Worms, celles du lieutenant Legoux et du capitaine Viala, avec ordre de tirer sur les colonnes prussiennes qui marchaient sur Nuits. Toutefois, afin de ne pas interrompre le feu, les quatre canons du capitaine Viala ne devaient rejoindre ceux de Worms et de Legoux que quand ceux-ci seraient en position. Le lieutenant de Dartein avait ordre de venir renforcer ces huit pièces, s'il était obligé d'abandonner la gare.

En même temps, le général envoyait au colonel Poullet le lieutenant d'état-major Seror pour lui faire connaître la situation devant Nuits et lui recommander de prendre ses mesures pour défendre les abords du plateau de Chaux, au cas où le général serait contraint de s'y retirer.

En présence des efforts infructueux de Degeufeld, le colonel Poullet jugea qu'il pourrait sans danger dégarnir la batterie Aubrion de deux pièces dont il renforça la batterie établie sur le sommet du plateau de Chaux.

« *Dans cette position, d'où l'on pouvait contrebattre toutes les colonnes prussiennes,* « *quelle que fût leur direction, notre artillerie fit beaucoup souffrir l'ennemi. Deux pièces* « *de la batterie du 12ᵉ régiment ayant été démontées furent replacées sur les affûts de* « *rechange et continuèrent à tirer.* » (Rapport du chef d'escadron d'artillerie Camps.)

Devant la résistance opiniâtre de nos troupes et les ravages que causait notre artillerie, Werder, qui de sa personne dirigeait l'attaque de la Berchère, fit avancer ses réserves contre notre aile droite et essaya de la tourner, en la débordant avec les trois régiments de la brigade Willisen. La cavalerie se dirigea vers Prémeaux, par l'espace compris entre Agencourt et Quincey.

Cremer déjoua cette manœuvre, en envoyant sur l'extrême droite un bataillon de la 2ᵉ légion.

« *C'est alors que le lieutenant de Dartein porta au galop, avec une rare audace, ses deux* « *pièces en avant; à 400 mètres, il décima l'infanterie et la cavalerie prussiennes, leur* « *lançant dix-huit obus à balles et vingt-quatre boîtes à mitraille.* » (Rapport du chef d'escadron d'artillerie Camps.)

La colonne de cavalerie ennemie qui se dirigeait sur Prémeaux fut arrêtée à la fois par les obus de deux pièces de la batterie de Chaux, que le commandant Camps fit diriger contre elle et par les quatre pièces Armstrong du capitaine Pitrat.

A la suite de cet échec, Werder comprit la nécessité de donner au mouvement tournant de sa cavalerie un plus grand rayon; il prescrivit en conséquence au général de Willisen de déborder Quincey et de traverser le Meuzin au Sud de ce village, entre Quincey et le bois du Vernot, pour s'emparer de Prémeaux.

Mais à peine cette colonne avait-elle passé le ruisseau qu'elle fut accueillie par une violente fusillade, partie de la pointe Nord-Ouest du bois du Vernot.

Ce bois venait d'être occupé peu auparavant par cinq compagnies du 1ᵉʳ bataillon du 57ᵉ de marche, sous la conduite du commandant Champcommunal. Avec un grand sang-froid, avec une habileté qu'on ne saurait trop louer, cet officier supérieur avait laissé toute la cavalerie allemande traverser le Meuzin, puis, à bout portant, avait ouvert sur les derniers escadrons un feu nourri et bien ajusté.

Un désordre inexprimable s'empara de cette cavalerie, surprise par une décharge aussi imprévue et contre laquelle elle se sentait impuissante. En vain sa batterie à cheval essaya-t-elle de se mettre en position pour lancer quelques obus dans le bois. Décimée par les balles de nos chassepots, elle ne tarda pas à être entraînée dans la fuite des escadrons. Rien ne peut donner une idée de la confusion dans laquelle ces régiments repassèrent le Meuzin; on eût dit un troupeau de coursiers sauvages prenant leurs ébats dans le désert, effrayés par la tempête.

Le spectacle des hommes et des chevaux entassés sur le sol, en avant du bois, était effrayant; c'était comme une muraille humaine élevée contre une nouvelle tentative de la cavalerie prussienne.

Le régiment de hussards badois disparut presque complétement; et telles furent les pertes du reste de la brigade Willisen que les Prussiens, redoutant l'effet sur les populations d'un aussi triste spectacle, n'osèrent faire rentrer ses débris à Dijon, où la brigade Willisen ne reparut jamais.

Plus de quatre cents hommes et chevaux furent enterrés devant le bois du Vernot le lendemain du combat. Cent quinze cavaliers démontés tombèrent aux mains de Champcommunal.

Comment l'occupation du bois du Vernot s'était-elle faite avec tant d'à-propos ? C'est ce que nous ne saurions mieux expliquer qu'en citant textuellement l'*Historique du 57e de marche.*

« *Le train,* dit le journal de ce régiment, *n'avait pu emmener que le 1er bataillon,* « *trois compagnies du 2e bataillon, les ambulances régimentaires et les chevaux des* « *officiers . . . .*

. . . .

« *Arrivé près de Corgoloin, le chef du train l'arrêta et vint déclarer au colonel Millot* « *qu'il ne pouvait plus avancer ; il craignait, disait-il, que la ligne ne fût coupée. Immé-* « *diatement, les troupes débarquèrent ; mais comme il n'y avait point de gare, il fut* « *impossible de débarquer les chevaux et les ambulances.*

« *Les troupes furent organisées à gauche de la ligne, et en quelques minutes elles se* « *mirent en marche par un petit chemin qui va aboutir à la route de Beaune à Nuits ; il* « *pouvait être alors deux heures et demie environ.*

« *A ce moment, l'aide-de-camp du général Cremer, le lieutenant de Chabans, vint à cheval* « *prescrire verbalement au colonel Millot, de la part du général Cremer, d'envoyer immédia-* « *tement un bataillon sur Agencourt, en ayant soin de profiter des bois qu'on rencontrerait* « *sur sa route, pour dissimuler sa marche à l'ennemi et se couvrir contre une attaque pro-* « *bable de la cavalerie, et de porter au plus vite le reste du 57e sur la gare de Nuits.*

« *Nous accélérâmes l'allure et nous traversâmes le village de Corgoloin. Une compagnie du* « *1er bataillon et les trois compagnies du 2e, sous la conduite du colonel Millot, prirent un* « *chemin qui conduit à la grande route de Beaune à Nuits, puis marchèrent droit sur Nuits* « *par la grande route.*

« *Après avoir dépassé le village, cinq compagnies du 1er bataillon, sous la conduite du* « *commandant Champcommunal, firent tête de colonne à droite, en prenant par un sentier* « *qui traverse les vignes. En route, le commandant rallia des isolés appartenant à différents* « *corps qui battaient en retraite devant la cavalerie et lui apprirent que de nombreux esca-* « *drons se ralliaient derrière Agencourt et Quincey.*

« *Le mouvement de l'ennemi ne tarda pas à se dessiner. Le commandant Champcommunal*
« *hâta alors sa marche, pour occuper le bois du Vernot avant que les Prussiens eussent*
« *franchi le Meuzin, et chercha à leur couper la retraite.*

« *Deux compagnies étaient sur la lisière, face au Meuzin et à l'Ouest. Le commandant*
« *recommanda de ne pas s'opposer au passage du Meuzin et de ne tirer qu'au signal donné*
« *par une salve qui devait partir de la droite.*

« *Cet ordre fut ponctuellement exécuté. Aussi la cavalerie prussienne joncha-t-elle de*
« *cadavres le terrain qui est en avant du bois et s'enfuit-elle sur la rive gauche du Meuzin*
« *dans le plus grand désordre. Cent quinze cavaliers démontés tombèrent entre nos mains.* »

Rustow raconte ainsi cet épisode :

« *Vers quatre heures, la cavalerie badoise, qui avait passé le Meuzin et s'était avancée sur*
« *le flanc gauche contre Prémeaux et le bois du Vernot, y fut reçue par un feu d'infanterie*
« *si violent et si meurtrier qu'elle crut devoir se retirer immédiatement derrière le Meuzin.* »
Pendant ce temps, Werder redoublait de vigueur contre la Berchère, devenue un vrai
nid d'obus.

La prise inévitable de ce château menaçait de couper en deux notre ligne, dont
l'étendue nous faisait courir le danger d'être tournés et séparés de Nuits.

Aussi Cremer prescrivit-il d'évacuer le château et de se replier derrière le talus de la
voie ferrée. Nos soldats étaient ainsi couverts contre le feu de l'artillerie et de l'infanterie prussiennes par les remblais du chemin de fer, qui constituaient une ligne de
défense plus solide que celle que nous venions d'abandonner. Le commandant de
Carayon-Latour, toujours admirable de sang-froid et de résolution, prit les meilleures
dispositions pour opérer cette retraite en bon ordre. Ce mouvement fut exécuté avec le
plus grand calme sous le feu intense de l'ennemi.

Ce fut en vain que Werder essaya d'entamer les Girondins par des assauts répétés. Le
commandant attendait les assaillants à deux cents pas et, par des feux de salve bien
dirigés, abattait les têtes de colonne. L'héroïque Carayon-Latour était partout et ne se
retirait que le dernier; il avait eu son cheval tué sous lui, ses vêtements et son sabre
criblés de balles. Dans ce mouvement les vaillants Girondins, en butte à un feu terrible de
mousqueterie et d'artillerie, subirent des pertes énormes; en moins d'une demi-heure, ils
eurent cent quatre-vingts hommes hors de combat.

Dartein avait dû se retirer sur le plateau de Chaux, après épuisement complet de ses
munitions dans une lutte héroïque. Les masses prussiennes, mitraillées par notre
artillerie de Chaux, étaient prises d'écharpe par les quatre pièces du capitaine Pitrat et
jonchaient la plaine de leurs cadavres.

Comprenant qu'il ne pouvait rien contre les positions de Chaux et qu'il lui fallait forcer
la ligne ferrée pour enlever Nuits, le général en chef prussien dégarnit l'attaque de
Concœur d'un bataillon, qui descendit à Vosne, et porta sur la Berchère le bataillon qui
était en réserve derrière Vosne.

Celler luttait alors à la Fontaine de Vosne avec la même ténacité et la même habileté.
La 1re légion, sous la conduite d'un tel chef, se montrait admirable de bravoure et de
discipline. Dans ce corps, si parfaitement organisé par le colonel Celler, les ordres
étaient ponctuellement exécutés; les dommages que causait le feu violent de l'ennemi
étaient aussitôt réparés, sans que jamais il régnât la moindre confusion. A aucun
moment de la journée, la 1re légion ne donna signe ni de faiblesse, ni de découragement;
elle se montra constamment digne de son intrépide colonel, qui, dans cette sanglante
bataille, donna la mesure de ce qu'on pouvait attendre d'un officier si distingué.

3

Devant la ligne du chemin de fer, les Français opposaient toujours une résistance opiniâtre ; les renforts incessants que les Prussiens vomissaient contre nous étaient successivement décimés par notre feu d'artillerie et d'infanterie.

Notre ligne de défense semblait inexpugnable, quand une partie du 3ᵉ bataillon de la 2ᵉ légion du Rhône, cédant à une panique, abandonna son poste et se replia sur la ville.

En vain Celler et Carayon-Latour, chacun à la tête de leurs corps, faisaient-ils des efforts héroïques pour repousser l'ennemi.

En vain le colonel Chabert et le commandant Mouton, de la 2ᵉ légion, déployaient-ils la plus grande bravoure et donnaient-ils l'exemple de la témérité pour ramener la 2ᵉ légion au feu ; l'absence de cohésion et de discipline portait ses fruits ; les hommes, indociles à la voix de leurs chefs, fuyaient toujours. Le triste spectacle que nous avions sous les yeux nous reportait involontairement aux paniques des volontaires de la première révolution, tristes conséquences de l'indiscipline. Nous recueillions, en ce moment critique, ce qu'avait semé le colonel Ferrer. Exemples mémorables, propres à faire réfléchir les officiers oublieux des leçons de l'histoire et des saines traditions de notre grande époque militaire.

Cremer lui-même, plein de rage, se jetait, le revolver à la main, sur les fuyards et tentait inutilement de les entraîner.

Malgré tant de bravoure, Nuits semblait sur le point de succomber, quand arrivèrent les quatre compagnies du 57ᵉ, sous les ordres du colonel Millot ; Cremer leur envoya l'ordre d'attaquer énergiquement, afin de dégager les autres troupes en attirant sur le 57ᵉ l'attention de l'ennemi.

Nous ne saurions reproduire plus exactement la part prise par le 57ᵉ à la lutte, qu'en citant textuellement le fidèle historique de ce régiment :

« *Il était trois heures et demie environ, quand les quatre compagnies du 57ᵉ arrivèrent en* « *vue de Nuits et reçurent l'ordre pressant d'attaquer vigoureusement par la partie comprise* « *entre la Grande-Rue et la Gare.*

« *Avant d'entrer à Nuits, sur la grande route et dans les vignes, nous rencontrâmes une* « *foule de fuyards ; on aurait dit de véritables lignes de tirailleurs ; presque tous ces hommes* « *appartenaient à la 2ᵉ légion. Nos soldats les huaient et les engageaient à se reporter en* « *avant.* « NOUS N'AVONS PAS D'OFFICIERS ; ILS NOUS ONT LACHÉS, RÉPONDAIENT-ILS. »

« *En arrivant aux premières maisons de Nuits, nous reçûmes quelques balles qui venaient* « *de la gare et de la ligne du chemin de fer, dont l'ennemi venait de s'emparer. Nous* « *reçûmes aussi quelques obus.*

« *Nos hommes prirent le pas de course, le colonel Millot en tête de la compagnie d'avant-* « *garde. Nous traversâmes le pont du Meuzin et nous nous engageâmes dans la première* « *rue à droite qui mène à la gare ; malheureusement les Prussiens sont maîtres de la rue et* « *s'établissent dans les maisons. Une grêle de balles et quelques obus tombent sur la tête de* « *la colonne et font de nombreuses victimes. Le colonel Millot reporte les compagnies en* « *arrière du pont. Là il met à la tête de deux compagnies le capitaine adjudant-major* « *Santelli et le charge de s'emparer de la rue.*

« *Le capitaine Santelli forme son détachement par petits groupes et sur deux files, une* « *file de chaque côté de la rue, chacune d'elles faisant face au côté opposé, puis se plaçant à* « *sa tête, il s'avance résolûment.*

« *Reçues par un feu très-vif parti des fenêtres, les deux compagnies sont bientôt obligées* « *de reculer : le capitaine Santelli est blessé au bras ; le lieutenant Thomas a l'épaule* « *fracassée.*

« *Le colonel Millot ordonne une dernière et suprême attaque.*

« *Le capitaine Santelli fait un appel énergique aux volontaires ; il refuse de se laisser*
« *panser pour ne songer qu'à se battre. Des braves de toutes les compagnies répondent à son*
« *appel et s'avancent résolûment contre l'ennemi.*

« *On distingue au premier rang le sergent-fourrier Persil, professeur de l'Université,*
« *engagé pour la durée de la guerre, le fusil haut et superbe d'audace ; il entraîne les soldats*
« *par ses paroles et son exemple. Près de lui marche intrépidement le sergent-major*
« *Guérant.*

« *On gagne du terrain, mais avec de grandes pertes. On enfonce alors les portes du pâté*
« *de maisons qui fait le coin des deux rues, à gauche, et l'on s'y maintient.*

« *Pendant ce temps, le colonel Millot avait envoyé une section à la sortie de Nuits pour*
« *surveiller l'ennemi et n'être pas pris à revers.* »

La lutte se continuait à l'Est et à l'Ouest de Nuits avec non moins d'énergie. Cremer et
Celler, qui tous deux avaient eu leurs chevaux tués sous eux, avaient mis le sabre à la
main et chargeaient les Prussiens à la tête de leurs soldats.

C'est dans une de ces sorties que le brave colonel Celler fut mortellement blessé; il
laissa d'unanimes regrets parmi les officiers comme parmi les soldats. Ce fut une perte
immense pour l'armée, irréparable pour la 1re légion. Dans cette bataille, il avait bien
mérité qu'on lui appliquât le mot de Gouvion-Saint-Cyr rappelant, un peu avant de
mourir, la gloire dont il s'était couvert à Biberach : « *Ce jour-là, j'étais un homme.* »

Les Badois engageaient leurs dernières réserves, et nos troupes, accablées par le
nombre, se trouvaient acculées dans la ville. Tous les corps faisaient vaillamment leur
devoir; personne ne songeait à céder; seuls, des soldats de la 2e légion, que leurs officiers ne prêchaient ni de parole ni d'exemple, entraient en foule dans les caves ; rien
ne pouvait les en faire sortir : ni les menaces, ni les exhortations des chefs, ni les raille-
ries, ni les insultes cruelles des femmes et des enfants, — et, quand nous nous retirâmes
de Nuits, ils se laissèrent prendre par les Prussiens, trop heureux de ne plus courir
de dangers.

Les habitants de Nuits se signalèrent dans la défense de leur ville. Parmi ceux qui
déployèrent le plus de patriotisme, citons M. Meignant, chef de la gare de Nuits et
ancien sous-officier de zouaves; M. Desgranges, capitaine de la garde nationale séden-
taire, et M. Mugnier, qui, quelques jours après cette journée, laissant une jeune femme
et deux enfants, venait s'engager pour la durée de la guerre dans notre division.

Le feu de notre artillerie de Chaux et des quatre pièces de la route de Prémeaux
redoublait d'intensité, en même temps que celui de l'ennemi. Plusieurs maisons de la
ville étaient déjà devenues la proie des flammes ; la nuit approchait.

Cremer comprit que s'entêter à défendre Nuits c'était l'exposer, sans profit pour nous,
à une destruction complète. Resserrés dans un espace très-restreint qui ne nous permettait pas de nous déployer, nous voyions nos pertes s'augmenter considérablement.

Il était à craindre que les Prussiens ne profitassent de la fatigue de nos troupes pour
nous surprendre par un retour offensif, au milieu de la nuit, et qu'à l'aide de l'obscurité
ils ne nous fissent un grand nombre de prisonniers.

En se retirant sur Chaux, la division Cremer, rangée tout entière dans des positions
inaccessibles, ayant sa ligne de retraite parfaitement assurée par Magny et la Doix,
pouvait le lendemain recommencer la lutte dans des circonstances plus défavorables
encore pour les Prussiens que celles de la journée précédente.

Si Nuits n'avait pas été français, il eût été très-habile d'enterrer l'ennemi sous les
décombres et d'achever avec nos obus ceux qui s'échapperaient de cette place. Mais on
ne pouvait causer un tel dommage à nos concitoyens, et la nécessité d'abandonner cette

position nous montre, une fois de plus, l'un des nombreux inconvénients qu'il y a à faire la guerre dans son propre pays.

Cremer donna donc l'ordre aux troupes qui étaient à Nuits de se retirer sur le plateau de Chaux, et au colonel Poullet de disposer ses réserves, de manière à appuyer ce mouvement rétrograde, et à repousser toute attaque des Prussiens dirigée contre le versant Est du plateau de Chaux.

Poullet, qui déjà dans ce but avait renforcé l'artillerie du plateau des deux pièces de la batterie Aubrion restées à l'extrême aile gauche, fit aussitôt avancer le bataillon du 32ᵉ, sous la conduite du commandant Pardieu. Ce bouillant officier, dont les soldats étaient restés toute la journée en réserve, supplia le colonel de le laisser descendre dans Nuits, certain, affirmait-il, de culbuter les Prussiens et de les chasser de la ville. Le colonel s'y refusa.

« *Vous seriez arrêté dans votre élan*, répondit-il ; *par la confusion des troupes engagées* « *dans la mêlée, votre bataillon ne tarderait pas à se fondre et vous n'auriez bientôt plus* « *personne sous la main.*

« *Si vous êtes repoussé, les Prussiens vous poursuivront et s'empareront peut-être de nos* « *formidables positions restées sans défenseurs. Il vaut mieux les attendre ici de pied ferme ;* « *s'ils suivent nos troupes, nous les laisserons approcher pour les accueillir à bout portant* « *par des feux de salve ; une fois ébranlés, nous les culbuterons à la baïonnette. Il est pour* « *le moment indispensable que les corps de la division qui, par suite de la mêlée, sont pêle-* « *mêle dans Nuits, se reforment sur le plateau ; demain nous recommencerons la bataille, et* « *à votre tour, vous serez au premier rang.*

« *Enfin, il est classique de ne pas lancer l'infanterie contre des murailles, sans avoir pré-* « *paré l'attaque par l'artillerie ; pouvons-nous tirer sur Nuits encombré de nos blessés ?* »

Pour se conformer aux prescriptions de Cremer, Poullet fit alors exécuter un changement de front en arrière sur son aile droite, se formant ainsi face à Nuits et à la grande route.

En même temps Cremer envoyait l'ordre au colonel Millot d'évacuer Nuits ; il devait ne battre en retraite que très-lentement et menacer toujours Nuits par des retours offensifs répétés. Le bataillon qui se trouvait près d'Agencourt y resterait, de manière à inquiéter les Prussiens et à leur dissimuler nos projets. Le général Cremer comptait sur l'expérience et la vigueur du commandant Champcommunal pour tromper l'ennemi sur sa position, en allumant de grands feux aux points où il n'y avait que de petits postes. Cremer recommandait au commandant de s'éclairer constamment sur les mouvements des Prussiens, par de nombreuses patrouilles, et de se garantir avec soin de toute surprise. S'il y était obligé, il devait profiter des bois qui couvrent le terrain, à l'Est du chemin de fer, pour battre en retraite sur Beaune.

Protégée par le feu de l'artillerie, avec le bataillon de Pardieu à l'extrême arrière-garde, la retraite de Cremer sur Chaux s'opéra sans difficulté.

Revenons maintenant au bataillon du 57ᵉ, engagé dans Nuits ; nous empruntons toujours notre récit à l'historique de ce régiment :

« *Il était près de cinq heures, quand l'ordre de battre en retraite fut transmis au colonel* « *Millot, par le commandant d'état-major Hennequin. Notre mouvement devait s'opérer avec* « *la plus grande lenteur possible pour donner le temps aux troupes du général de se replier* « *sur Chaux. Nous devions suivre la route de Beaune, mais une fois sur cette route, nous* « *ne devions battre en retraite que si nous y étions forcés par les attaques pressantes de* « *l'ennemi. Des ordres ultérieurs sur notre destination définitive nous seraient envoyés. Le* « *général prescrivait à M. Champcommunal de rester près d'Agencourt, de sillonner le pays* « *de patrouilles et d'allumer de grands feux aux points occupés par de petits postes pour*

« *tromper l'ennemi, et sur la force du détachement et sur sa véritable position. Cet ordre*
« *fut aussitôt transmis au commandant Champcommunal, et ce stratagème réussit si bien que*
« *ce bataillon ne fut nullement inquiété par les Prussiens.*

 « *Quant aux quatre compagnies qui étaient dans Nuits, le colonel Millot les disposa*
« *aussitôt pour la retraite. Il fit placer une compagnie en arrière du pont pour tenir tête à*
« *l'ennemi s'il venait à déboucher, et les hommes s'embusquèrent derrière une rampe. Une*
« *autre compagnie fut portée à la sortie de la ville pour y établir des barricades, au moyen*
« *de voitures, et soutenir la première.*

 « *Pendant ce temps, divers détachements évacuèrent la ville et le colonel Millot, avec le*
« *reste de ses forces, vint s'établir sur la route de Beaune, aux dernières maisons de Nuits.*
« *Notre arrière-garde, sous les ordres du commandant Tochon, se vit vivement assaillie,*
« *mais elle repoussa toutes les attaqees. Le commandant Tochon en profita pour faire un*
« *retour offensif. C'est alors qu'une balle lui traverse les deux jambes et l'oblige à remettre*
« *le commandement au capitaine adjudant-major Santelli.*

 « *Nos compagnies évacuent Nuits ; mais l'arrière-garde continue à défendre la sortie du*
« *village derrière la dernière barricade. Les Prussiens font contre elle un feu d'enfer. L'ad-*
« *judant Fallot tombe mortellement frappé. Les lieutenants Chauvin et Troyon, ainsi que*
« *beaucoup d'hommes, sont aussi blessés. Les Prussiens font des feux de salve, ce qui fait*
« *dire à nos hommes qu'ils ont des mitrailleuses. Les balles, en tombant sur les échalas, font*
« *un épouvantable fracas. Nos hommes n'en ripostent pas moins. La nuit déjà bien avancée*
« *et très-sombre nous protège et nous opérons notre retraite, en marchant dans les fossés de*
« *la route, sans que l'ennemi nous poursuive. Le capitaine Santelli déploie dans cette*
« *mission difficile une valeur, un sangfroid au-dessus de tout éloge. Il est le dernier de*
« *l'extrême arrière-garde, se retournant souvent avec quelques hommes contre les têtes de*
« *colonne prussiennes qui le serrent de trop près. Le colonel Millot dit alors en le voyant,*
« *aux officiers qui l'entourent :* « SANTELLI EST COMME UNE BOMBE QUI ÉCLATE TOUJOURS A L'EN-
« DROIT CONVENABLE. » *Les lieutenants Troyon, Agedu, Marion, se font remarquer par leur*
« *intrépidité.*

 « *Dans ce combat nos pertes se montent à huit officiers blessés : le commandant Tochon,*
« *le capitaine Santelli ; les lieutenants et sous-lieutenants Troyon, Chauvin, Ageau et*
« *Marion ; quarante hommes tués et cent vingt à cent trente blessés.*

 « *A la suite de ce combat, le commandant Tochon fut proposé pour la croix d'officier ; le*
« *capitaine Santelli pour chef de bataillon ; les lieutenants Faurax, Troyon, Ageau, Marion*
« *pour la croix ; le fourrier Persil pour la médaille.*

 « *Il était environ sept heures quand nous sortîmes de Nuits ; à peine dehors la ville, le*
« *colonel Millot s'arrêta dans une bonne position pour chercher à rallier un grand nombre*
« *de soldats répandus dans les vignes, pour remettre un peu d'ordre sur la route qui était*
« *encombrée de voitures d'ambulances, et pour se rendre compte de la situation.*

 « *Un capitaine conseilla au colonel de gravir les hauteurs de Chaux pour y rejoindre le*
« *général. Le capitaine Santelli répondit :*

 « *Il nous faut plus d'une heure pour gagner Chaux par la route, et vous n'aurez plus*
« *personne avec vous quand vous arriverez ; car, avec l'obscurité, les hommes se déroberont.*

 « *Si on continue à battre en retraite, votre colonne se fondra encore, et songez que vous*
« *avez déjà peu de monde. Puis avez-vous l'ordre formel du général de continuer à battre*
« *en retraite sur Beaune, ou de le rejoindre sur le plateau de Chaux?·*

 « *Nullement, dit le colonel Millot.*

 « *Eh bien ! continua le capitaine Santelli, songez que, par le temps qui court, les chefs*
« *sont vite accusés de trahison. Qui sait si vous ne dégarnissez pas un point important? Et le*

« *général peut faire tomber la faute sur vous. A votre place, je ferais sonner par tous les*
« *tambours et clairons la marche du régiment pour rallier et je m'arrêterais dans une belle*
« *position pour attendre les événements.*
  « *Si l'ennemi arrive, on se défend énergiquement, on meurt en place et le lendemain on*
« *est grand homme. Si votre chef vous donne d'autres ordres, vous êtes à couvert.* »
  Bel exemple d'inébranlable attachement aux principes de subordination que donnaient,
dans un moment difficile, les officiers de l'armée régulière !
  La résolution du colonel Millot concordait d'ailleurs avec les ordres que venait de lui
envoyer, du plateau de Chaux, le général Cremer par le lieutenant Seror. Car, comme
on le verra plus loin, le général, jusqu'au moment où il put se rendre complètement
compte de l'épuisement de ses troupes, avait conservé le projet de livrer un dernier
assaut à Nuits. Il était donc, dans l'idée du général, de la plus haute importance que
le 57ᵉ, pour coopérer à ce mouvement, ne s'écartât pas de Nuits.
  Dès que Cremer eut résolu de battre en retraite sur Beaune avec toute sa division, il
dépêcha le lieutenant Seror au colonel Millot, pour lui prescrire de se replier sur la Doix.
Pénétré de l'importance de sa mission, cet officier avait voulu, pour arriver plus vite,
franchir les avant-postes prussiens. Malheureusement son cheval étant tombé sous les
balles ennemies, Seror fut fait prisonnier; mais, profitant de la confusion qui régnait
dans l'armée allemande, Seror parvint à s'échapper, et le lendemain, vers cinq heures
du matin, il rejoignit son poste à Beaune.
  Ne recevant aucune nouvelle du colonel Millot, le général Cremer lui envoya le lieutenant de Chabans pour lui prescrire de se retirer très-lentement, en faisant souvent
battre et sonner la marche de la division pour rallier le plus de monde possible, mais de
maintenir toujours Champcommunal près d'Agencourt.
  Le colonel devait laisser des compagnies de grand'garde à Corgoloin, Comblanchien,
au bois du Vernot, et en détacher une sur la route de la Doix à Bligny, en avant d'Aloxe,
au nœud de celle-ci avec le chemin de Pernaut-Echevronne. Il était environ huit heures
quand le lieutenant de Chabans rencontra le colonel Millot.
  Reprenons maintenant l'historique du 57ᵉ au point où nous l'avons laissé :
  « *Tous les tambours et clairons se mirent alors à battre et à sonner la marche du régi-*
« *ment ; la colonne se reforma et s'augmenta de beaucoup d'isolés et de deux compagnies*
« *du 32ᵉ, qui se placèrent à notre gauche, et nous nous trouvâmes bientôt assez nombreux*
« *pour tenir tête à l'ennemi et le refouler dans Nuits avec des pertes sérieuses.*
  « *Enfin vers huit heures arriva, par l'aide-de-camp du général Cremer, le lieutenant de*
« *Chabans, l'ordre de battre en retraite sur la Doix, d'y occuper ce village avec deux bataillons*
« *du 57ᵉ, les grand'gardes établies à Corgoloin, Comblanchien, le bois du Vernot, et sur la*
« *route de Bligny, en avant d'Aloxe, au nœud du chemin de la vallée de l'Ouche et de celui*
« *de Pernaut-Echevronne. Rien n'était changé pour le 1ᵉʳ bataillon.*
  « *Le colonel Millot, aussitôt arrivé à la Doix, devait venir en personne à la mairie rendre*
« *compte de ses opérations au général et prendre ses ordres.*
  « *Le colonel Millot se mit aussitôt en route et ne tarda pas à rencontrer les neuf autres*
« *compagnies du régiment, qui étaient formées en bataille sur la route, et firent l'arrière-*
« *garde. Il fut aussi rejoint par deux sections de la batterie de la 1ʳᵉ légion du Rhône,*
« *sous les ordres du capitaine Pitrat, à qui il avait été prescrit de soutenir avec nous la retraite.*
  « *Pour celui qui connaissait le pays et la prudence de l'ennemi, il était à présumer qu'il ne*
« *poursuivrait pas; car il ne pouvait s'avancer que par la route, tout le terrain en dehors*
« *étant planté de vignes dont les échalas, restés en place, rendaient toute marche presqu'im-*
« *possible pendant la nuit.*

« *Nous pensons que la présence du commandant Champcommunal dans la direction*
« *d'Agencourt pendant toute la nuit et notre fière retraite, dans laquelle nous avions disputé*
« *le terrain pied à pied (car nous mîmes plus d'une heure du pont à la sortie de Nuits,*
« *cinq cents mètres environ), puis la sonnerie ordonnée par le colonel Millot, ont dû imposer*
« *à l'ennemi et lui faire croire que nous avions reçu des renforts. Ce doit être dans la crainte*
« *d'un retour offensif qu'il a abandonné Nuits.*

« *Tel fut le rôle du* 57e *à Nuits, et il est à présumer que, sans l'arrivée de ces troupes*
« *devant Agencourt et dans Nuits, l'ennemi aurait tourné la position et poussé plus avant.* »

En arrivant à la Doix, vers dix heures et demie du soir, le colonel Millot, accompagné
du capitaine Santelli, vint rendre compte au général de tout ce qui s'était passé au 57e ;
il était avec Cremer quand arriva le rapport de Champcommunal annonçant que les
Prussiens étaient en retraite sur Dijon, qu'Agencourt était occupé par nos avant-postes
et les ambulances prussiennes avec les blessés inévacuables.

Il fut alors convenu que rien ne serait changé aux dispositions établies précédemment,
mais que la grand'garde de Comblanchien enverrait des reconnaissances sur le plateau
de Chaux, et que les patrouilles des autres grand'gardes pousseraient, en avant de Nuits,
dans les différentes directions qui mènent à Dijon.

L'exécution de ces mesures servit à constater l'exactitude de la nouvelle, reçue à
deux heures du matin par le colonel Millot, de l'évacuation complète de Nuits par les
Prussiens.

A sept heures du matin, Cremer envoyait au colonel Millot l'ordre de faire rentrer les
grand'gardes et de rentrer à Beaune avec les trois bataillons du 57e.

L'intention bien arrêtée de Cremer, en se retirant sur Chaux, avait été de recommencer le combat le lendemain. Le général songea même un instant à tenter
contre la ville une attaque à la baïonnette avec les corps qui avaient le moins souffert.
Le colonel Poullet l'en dissuada.

« *Nous n'avons que de jeunes troupes,* dit-il ; *elles sont harassées et ont donné aujourd'hui*
« *tout ce qu'on peut attendre de leur courage : il ne faut pas oublier que les forces physiques*
« *influent beaucoup sur le moral. Or, si déjà une attaque de nuit avec de vieilles troupes est*
« *chose périlleuse, avec de jeunes soldats nous devons redouter qu'une panique ne nous con-*
« *duise à un désastre.* »

« *Ah! si j'avais seulement ma brigade de Metz,* répondit tristement Cremer, *je n'hésiterais*
« *pas un instant et je coucherais ce soir à Dijon.* »

Cremer avait été trop absorbé par la lutte pour se rendre compte que les coffres de
l'artillerie étaient vides et que l'infanterie n'avait plus de cartouches.

« *Nos pièces avaient tiré deux mille huit cents coups environ. Là, comme durant toute la*
« *campagne, on put constater l'effet terrible des projectiles Armstrong de la* 1re *légion du*
« *Rhône. La portée considérable et la grande justesse de ces pièces les rendent supérieures*
« *aux canons prussiens. Les fusées à temps, en permettant de faire éclater le projectile à une*
« *distance quelconque, donnent le moyen d'obtenir des résultats favorables.* » (Rapport du
commandant Camps.)

Quand le général eut concentré toutes ses troupes sur le plateau de Chaux, il acquit la
certitude que les munitions faisaient défaut. Malgré ses demandes réitérées, Cremer
n'avait jamais pu obtenir de munitions de réserve, et cette circonstance seule nous
empêcha de recueillir le fruit de cette glorieuse journée. Le général fut ainsi obligé de
donner l'ordre, bien à regret, de battre en retraite sur Beaune.

Cette nécessité d'abandonner une si belle position, que les efforts de l'ennemi avaient
été impuissants à nous arracher et qui nous assurait pour le lendemain une victoire

complète, ne nous montre-t-elle pas qu'à la guerre rien n'est important comme la préparation, l'organisation de tous les services? Les plus habiles calculs, le courage le plus héroïque ne peuvent suppléer au manque de vivres, de munitions, etc.

Comme l'a dit excellemment M. le duc d'Audiffret-Pasquier : « *Il y a une chose qui ne saurait s'improviser pendant la guerre, ce sont les approvisionnements.* » Il est déjà bien assez difficile de les compléter et de remplacer ce qui se dépense.

Outre les raisons dont nous venons de parler, Cremer avait été déterminé à se retirer sur Beaune par la nouvelle qui lui avait été donnée, comme très-certaine, de la marche d'une colonne prussienne vers cette ville, par Bligny, pour lui couper la retraite. Le manque absolu de cavalerie fut encore cause que ce renseignement ne put être immédiatement vérifié.

Ce mouvement semblait d'autant plus probable que les Prussiens savaient Garibaldi toujours à Autun et trop éloigné pour porter secours à Cremer.

Dans le cas où ce renseignement eût été vrai, la rapidité de notre marche nous permettait, avant l'arrivée de Werder, de culbuter ce corps qui ne pouvait être bien nombreux.

Arrivé à Beaune, le premier soin de Cremer fut de s'éclairer sur ce prétendu mouvement des Prussiens. Ses émissaires lui apprirent bientôt que la vallée de l'Ouche était complétement libre.

De son côté, Werder comprenait qu'il lui était impossible de laisser ses troupes dans les positions qu'elles occupaient. Il ne lui restait que deux partis à prendre : ou nous chasser du plateau de Chaux, ou ordonner la retraite sur Dijon pendant la nuit même, pour ne pas l'exposer au feu de nos pièces.

Les pertes énormes éprouvées la veille et le profond découragement de ses soldats le mettaient hors d'état de tenter un assaut où son infanterie aurait eu à gravir des pentes très-fortes, sous le feu de notre artillerie et de notre infanterie, sans pouvoir être soutenue d'une manière efficace par la puissante artillerie dont il disposait. Werder se décida donc à donner l'ordre de se retirer en toute hâte et commença son mouvement vers neuf heures et demie du soir.

Telle fut cette sanglante bataille de Nuits où, pour des raisons différentes, chacun des généraux opposés abandonna le terrain de la lutte.

Nous prions nos vaillants compagnons de nous excuser d'avoir si imparfaitement rendu leurs glorieuses actions. Pour suffire à une telle tâche, il nous faudrait le pinceau magique d'un Foy ou d'un Charras. Nous n'avons pas d'autre prétention que celle d'avoir produit un travail consciencieux, en mettant à profit tous les renseignements qu'on a bien voulu nous adresser et que nous avons trouvés dans les nombreux ouvrages français et étrangers auxquels nous avons puisé. Le précieux ouvrage du capitaine anglais Hamilton, attaché pendant la guerre à l'état-major du général Werder, nous a particulièrement servi par les détails qu'il nous donne sur les troupes allemandes et par la publication des considérations qui ont déterminé les mouvements du général en chef allemand.

Depuis la guerre, en réfléchissant à la bataille de Nuits, nous avons bien souvent regretté de ne point y avoir eu de mitrailleuses. Il n'est peut-être, de toute la campagne, une seule action où leur emploi eût pu être plus efficace.

Quelques mitrailleuses placées à la Berchère et derrière la ligne du chemin de fer, laissant approcher l'ennemi pour le décimer à petite distance, eussent, en fauchant les bataillons de la première ligne, arrêté court la marche de l'ennemi.

Comme nous l'avons fait observer dans notre *Essai sur l'Armée nouvelle*, à l'engouement excessif et peu raisonné, qui s'était produit avant la guerre pour les mitrailleuses, ont succédé des attaques violentes qui ont amené, en France, un discrédit injustifiable de ce précieux et terrible engin.

Insuffisamment étudiée avant la guerre, cette arme n'a presque jamais été utilisée comme elle devait l'être : il lui est arrivé ce qui arrive à toutes les inventions ; l'application n'a pas produit les résultats qu'on en espérait et l'on s'est hâté de blâmer le principe, au lieu d'examiner si ce n'était pas l'inexpérience des officiers qui était très-naturellement, très-forcément en défaut.

L'erreur de ceux qui, les premiers, ont fait usage de la mitrailleuse, a été de croire que ce nouvel engin était d'un usage général comme le canon, qu'il pouvait le contrebattre. Au contraire, cette arme ne peut servir que dans certains cas et à des moments précis ; mais alors son effet est terrible et supérieur à celui du canon. La question se réduit donc à chercher quand et comment il faut employer la mitrailleuse.

Sur le champ de bataille, avons-nous dit, elle doit être tenue en réserve à l'abri des coups de l'artillerie, qu'en raison de sa faible portée elle est impuissante à combattre. Cet engin est exclusivement destiné à être dirigé contre l'infanterie et la cavalerie, et encore au moment propice.

Pour joindre au puissant effet matériel de la mitrailleuse l'effet moral maximum, il faut qu'elle soit, en quelque sorte, une *arme de surprise*, c'est-à-dire qu'elle frappe l'ennemi au moment où il ne s'y attend pas, au moment où, marchant avec confiance, il s'apprête à faire l'effort décisif, où il compte enlever une position ébranlée.

Jusqu'à cet instant, on ne saurait donc trop en dissimuler la présence.

Comme, selon nous, le général en chef est le meilleur juge du moment et du point où cette force nouvelle doit être appliquée, les batteries de mitrailleuses devraient former une réserve placée uniquement dans la main du général en chef ou des commandants de corps d'armée.

Les mitrailleuses sont encore excellentes pour défendre un défilé, une brèche ; en un mot, pour repousser un assaut. On peut donc poser comme principe que leur place est toujours là où un assaut est inévitable.

De tous les critiques militaires français et étrangers, nous avons été les premiers à développer ces idées, et c'est avec une certaine satisfaction d'amour-propre que nous les avons vues reproduites en Russie comme en Allemagne.

L'examen attentif de la bataille de Nuits nous amène aussi à déplorer que, suivant ce qui avait été décidé au conseil de guerre de Châlon, Garibaldi n'ait pas aussitôt concouru à l'offensive contre Werder. Si, cédant aux instances réitérées de Cremer, le chef de l'armée des Vosges, au lieu de s'immobiliser à Autun, dont l'importance l'aveuglait au point de perdre de vue l'ensemble des opérations et l'objectif des Français dans la Bourgogne (la trouée des lignes de communications avec l'Allemagne par la prise de Dijon); si donc Garibaldi se fût trouvé dans la vallée de l'Ouche, à hauteur de Nuits, le jour de cette bataille — de deux choses l'une — ou bien, marchant au canon, il fût arrivé à temps pour donner le dernier coup et anéantir l'armée de Werder, si fortement ébranlée, — ou, marchant sur Dijon, ce qui était peut-être plus habile, d'une plus haute portée, il eût coupé la retraite à Werder en lui enlevant sa base d'opérations elle-même, ses magasins, ses réserves de munitions, etc., et profitant alors de l'indicible confusion, du profond découragement qui régnaient dans les rangs des soldats de Werder, il fût tombé sur l'armée prussienne et l'eût inévitablement amenée à capitulation.

Nous ne saurions trop insister sur ces considérations, qui seront pour tous les militaires d'un puissant enseignement, en faisant ressortir : 1° l'indispensabilité de l'unité de commandement; 2° les conséquences de la dérogation aux règles éternelles de l'art militaire et de l'adoption de cette déplorable défensive passive, si justement appelée par Guibert un *système de décadence*.

Les pertes que nous avions éprouvées dans cette chaude journée s'élevaient à deux colonels et treize officiers tués, cinq chefs de bataillon et vingt-neuf officiers blessés, douze cents hommes environ tués ou blessés et trois cents disparus appartenant presque tous à la 2e légion du Rhône.

Il est plus difficile d'apprécier celles des Prussiens.

Le lendemain de la bataille, M. Luce-Viellard se rendit à Nuits et dans les villages environnants afin de se rendre compte par lui-même de ce qu'avaient souffert les populations et afin de veiller à ce que tous les soins fussent prodigués aux blessés.

C'est le Préfet de la Côte-d'Or qui nous rapporta les chiffres des pertes de l'ennemi; plus de quatre cents Prussiens étaient enterrés dans un fossé creusé devant la Berchère; une autre tranchée, contenant trois cents cavaliers, était creusée devant le bois du Vernot, et quatre à cinq cents Allemands étaient ensevelis dans la plaine, aux endroits mêmes où ils étaient tombés.

Sans compter leurs voitures d'ambulance, les Prussiens avaient requis trois cent soixante-dix chariots pour transporter leurs blessés.

Enfin les habitants de Dijon, appelés à déposer dans le procès Cremer-de-Serres, ont confirmé ces détails et ont ajouté que l'armée prussienne était si démoralisée que les soldats, en rentrant à Dijon, poussaient les cris de : « *Malheur! grand malheur!* » et déclaraient qu'ils ne voulaient plus se battre. Nos compatriotes ajoutaient que si les Français se fussent avancés en ce moment, ils auraient facilement anéanti l'armée de Werder.

Le 19 à midi, d'après le rapport de M. Luce-Viellard, il restait encore à Nuits, Boncourt et Agencourt, plus de trois cents ennemis blessés qui, vu leur état, n'avaient pu encore être évacués.

C'est d'après ces renseignements que nous évaluâmes le chiffre des pertes prussiennes à cinq mille hommes. Plus tard, nous eûmes connaissance d'une dépêche télégraphique allemande portant à sept mille hommes le chiffre des Prussiens hors de combat; devant le mauvais effet produit dans leur pays, ils supprimèrent un zéro; mais, selon le mot de Louis XIV au maréchal de Gramont, *la première impression n'est-elle pas toujours la bonne?*

Des chiffres trouvés à l'intendance prussienne, lors de notre entrée à Dijon, il résulte que les pertes de l'ennemi s'élevaient à sept mille deux cents hommes.

Dans son ouvrage sur les opérations du 14e corps, le capitaine anglais Hamilton, attaché pendant la guerre à l'état-major de Werder, et en cette qualité très-bien placé pour être exactement informé, porte les pertes prussiennes à neuf cents tués et plus de deux mille cinq cents hors de combat. C'est, croyons-nous, l'évaluation qui doit le plus se rapprocher de la vérité.

Ce qu'il y a de certain, c'est que lorsque Dijon tomba entre nos mains, la ville, malgré les nombreuses évacuations, contenait encore plus de huit cents blessés.

Le major Blume évalue les pertes de Werder à cinquante-quatre officiers et huit cent quatre-vingts hommes.

Faut-il nous étonner que les Allemands, dans leurs bulletins, grossissent leurs succès, enflent les pertes de l'adversaire et diminuent les leurs? Moltke, dans cette occasion encore, ne fait que mettre servilement en pratique les préceptes de Napoléon. Dans sa correspondance, l'illustre capitaine français recommande particulièrement de falsifier les effectifs, les pertes, et dans ses célèbres bulletins il joint l'exemple au précepte. Son but est d'élever constamment le moral de ses troupes, de leur donner en elles-mêmes cette confiance qui assure la victoire.

Depuis leurs prodigieux succès, les Allemands ont arrangé leurs statistiques de manière à prouver, à l'aide de chiffres prétendus irréfutables, la supériorité du soldat allemand sur le français. Malheureusement pour le comte de Moltke, les *verlustlist* publiées pendant la guerre viennent renverser cet échaffaudage de mensonges.

Quoi qu'il en soit, en admettant même le chiffre des pertes donné par Blume, la bataille de Nuits est la seule qui, sous le rapport des pertes proportionnelles à l'effectif français qu'elle a fait subir à l'ennemi, puisse entrer en comparaison avec les batailles livrées par les troupes de l'armée permanente.

Les pertes éprouvées par les Prussiens ont été, d'après leurs statistiques, à Wœrth, dix mille cinq cent trente; — à Gravelotte, vingt mille cinq cent soixante-dix-sept; — à Vionville, quatorze mille huit cent vingt; — à Sedan, neuf mille trente-deux; et à Nuits, neuf cent trente-quatre; ce qui donne par rapport à l'effectif français, pour Wœrth, un pour cent de 30; — pour Gravelotte, 13,1; — pour Vionville, 12,3; — pour Sedan, 7,5; — pour Nuits, 10,15; autrement dit que cent Français ont mis hors de combat trente Prussiens à Wœrth, 13,1 à Gravelotte, etc.

« *Que l'on compare*, observe le capitaine Costa de Seida dans une note qu'il a insérée
« dans la traduction de l'ouvrage du colonel Bolstædt, *nos pertes de quarante-cinq mille*
« *hommes dans les trois journées des 14, 16, 18 août autour de Metz avec celles des batailles*
« *de trois à cinq jours devant Orléans, le Mans, Héricourt, où les Français étaient cependant*
« *presqu'aussi nombreux qu'à Metz, et on verra que pour Orléans elles ne sont que le tiers*
« *de Metz et pour Héricourt du septième. On peut donc en conclure que des troupes longtemps*
« *et bien exercées sont seules aptes à protéger efficacement le sol de leur patrie.* »

Nous avons trop insisté sur les difficultés du maniement et sur les dangers de l'absence de cohésion des troupes improvisées pour ne pas partager cette opinion. Toutefois, pour être complètement dans le vrai, nous devons observer que les conditions dans lesquelles les troupes ont lutté dans la première et la deuxième période de la guerre ne sont pas les mêmes.

Dans la première partie de la campagne, les batailles, du côté des Français, ont toujours été défensives, tandis que dans la deuxième partie elles ont presque constamment été offensives. Or, comme l'a très-bien enseigné le maréchal Niel, les armes nouvelles augmentent dans une très-forte proportion la puissance de la défensive, et si Nuits ne s'écarte pas trop, sous le rapport des pertes subies par l'ennemi, des batailles livrées par l'armée régulière, c'est qu'elle est, comme celles de la première période, une bataille purement défensive.

Il est non moins difficile d'évaluer exactement l'effectif des Prussiens que leurs pertes à Nuits. Les auteurs allemands eux-mêmes sont loin d'être d'accord et font varier le nombre des combattants de huit mille à dix-huit mille. La plupart de ces publicistes disent que Glümer avait sous ses ordres, à Nuits, toutes les forces disponibles à Dijon, soit les trois brigades d'infanterie et la brigade de cavalerie badoise et les neuf batteries; d'autres ne mentionnent dans la brigade Keller, comme ayant pris part à la lutte, que le 5e régiment d'infanterie; d'autres enfin suppriment la brigade Keller. Or, il est certain que le 5e régiment a donné, car, parmi les prisonniers faits aux Prussiens, il s'en trouve de ce corps, qui compte aussi un certain nombre de morts enterrés par les soins des habitants.

Le capitaine anglais Hamilton, qui porte le 5ᵉ régiment parmi les troupes qui ont donné à Nuits, évalue le chiffre des Prussiens à dix-huit mille et leur artillerie à sept batteries. C'est aussi l'appréciation que nous croyons la plus exacte; car si on admet que la brigade Keller (qui compte un bataillon de moins que les autres) avait à Autun et à Châteauneuf sept mille hommes, à ce que rapportent les auteurs allemands eux-mêmes, on arrivera pour les deux brigades d'infanterie, pour celle de cavalerie et pour le 5ᵉ régiment d'infanterie et les sept batteries prussiennes, à un chiffre plutôt supérieur qu'inférieur à dix-huit mille hommes.

Voici, en nombre rond, la situation de la division Cremer à la date du 16 décembre : elle est, à quelques hommes près, conforme à celle que donne le commandant Mouton dans l'historique de la 2ᵉ légion du Rhône.

1ʳᵉ légion	2,600 hommes.
2ᵉ id.	2,500 »
32ᵉ de marche	1,920 »
Bataillon de la Gironde	810 »
Francs-tireurs	330 »
Artillerie de ligne	240 »
Neuf compagnies du 57ᵉ de ligne	930 »
Total	9,330 hommes.

Ce dernier chiffre est bien l'effectif des présents ; mais comme l'a très-judicieusement fait observer le général d'Aurelles de Paladines devant la Commission d'enquête du 4 septembre, il y a une très-grande différence entre le chiffre des présents et celui des combattants. Les militaires ne s'y trompent pas dans leurs calculs. Les Prussiens, gens pratiques, établissent parfaitement cette distinction dans leurs situations et évitent ainsi toute cause d'erreurs. C'est encore là un point sur lequel nous ferions sagement de les imiter. Nous avons tenu à rester au-dessous de la vérité dans le pour cent des pertes que nous avons fait subir aux Prussiens, et nous n'avons retranché que cent trente hommes (gardes des bagages, infirmiers, etc.).

Pour constater l'effet produit par la bataille de Nuits sur les troupes allemandes et surtout pour connaître les modifications qu'elle avait entraînées dans leurs projets, nous ne saurions mieux faire que de recourir au témoignage des auteurs allemands, mieux placés que nous pour apprécier la situation de leurs troupes et pour juger les conséquences, l'influence de cette lutte sur leurs combinaisons.

Nous nous demanderons d'abord si le premier but des Prussiens a été atteint. L'intention de Werder, nous déclarent unanimement les publicistes prussiens, était de rejeter Cremer sur Chagny, afin d'exécuter, sans crainte d'être inquiété, les deux expéditions que Moltke lui avait prescrites (sur Saulieu, sur les chemins de fer au Sud de Besançon).

Or, Cremer n'est même pas rejeté sur Beaune ; il abandonne volontairement, faute de munitions, une formidable position (le point capital de sa ligne de bataille), où son aile gauche a défait Degenfeld et l'a obligé de battre en retraite jusqu'à Urcy. (Le point est incontesté par tous les auteurs allemands.) Et, loin de poursuivre Cremer, Werder se replie lui-même sur Dijon, en sorte que — spectacle rare dans l'histoire, — on voit les deux adversaires, tous deux épuisés, obligés de quitter le champ de la lutte, comme deux athlètes meurtris, pour aller puiser de nouvelles forces dans un repos nécessaire.

Les écrivains prussiens avouent qu'après Nuits, les soldats de Werder étaient abattus et qu'ils avaient autant besoin de retremper leur moral que de recevoir des renforts et de se réorganiser.

Ainsi l'effet direct de Nuits était l'épuisement des Allemands, leur ébranlement momentané.

Mais l'effet indirect (ou en d'autres termes, les conséquences stratégiques de cette bataille), était bien autrement important. C'est ce que nous expliquent parfaitement les réflexions suivantes du major Blume sur la bataille de Nuits.

« *Cette nouvelle apparition de forces considérables au Sud de Dijon, la résistance opiniâ-*
« *tre qu'elles avaient opposée, rendaient fort délicate la question de décider s'il serait encore*
« *opportun de détacher une brigade du* 14e *corps sur Semur, ainsi que cela avait été pres-*
« *crit. Le général de Werder ayant soumis le cas au quartier-général, il lui fut répondu de*
« *surseoir à l'exécution de ce mouvement et de protéger, par des colonnes mobiles, la section*
« *Chaumont-Nuits sous Ravière.* »

Comme l'indique cette citation, Werder se trouvait si affaibli qu'il ne songeait même plus à entreprendre la destruction des chemins de fer au Sud de Besançon, et qu'il se bornait maintenant à faire ressortir les difficultés d'une expédition sur Saulieu.

Ainsi, de l'aveu des officiers prussiens eux-mêmes, la bataille de Nuits venait de sauver à la fois les chemins de fer au Sud de Besançon d'une destruction (ce qui allait permettre à Bourbaki de faire sa grande diversion dans l'Est), et elle mettait en même temps Saulieu à l'abri des réquisitions allemandes.

En admettant même que Nuits ait été une défaite, c'est, on en conviendra, une défaite qui a plus servi à la France que bien des victoires, c'est une *défaite utile* comme Borny, Villersexel l'ont été pour les Prussiens, puisque la bataille de Nuits a fait échouer les combinaisons de notre adversaire, l'a obligé de renoncer à l'exécution des prescriptions de Moltke.

Ce n'est pas sans étonnement que nous avons lu ce qui suit, dans la déposition du général Pellissier devant la Commission d'enquête du 4 septembre :

« .... *Un jour, vers les onze heures du matin, j'entendis une très-vive canonnade dans*
« *la direction de Nuits et de Gevrey. Aussitôt je donnai des ordres par le télégraphe à Seurre*
« *et à Navilly de marcher en avant. Après cela, je reçus une dépêche du général Bressolles*
« *qui me disait :* « *Cremer, attaqué par vingt-cinq mille hommes et onze batteries d'artillerie,*
« *soutient un combat très-vif. Il faut vous porter au secours de Cremer.* » *Immédiatement*
« *je donnai ordre aux deux bataillons qui étaient le plus près, c'est-à-dire qui occupaient*
« *Seurre et Navilly, de se mettre en route. J'avais avec moi quatre compagnies de mobilisés*
« *du Jura que je fis partir également dans la forêt de Citeaux. Quant à moi, j'attendis au*
« *lendemain matin pour partir de ma personne, espérant recevoir des nouvelles. Je ne reçus*
« *rien.* »

Le général Pellissier semble étonné qu'il n'ait reçu aucun ordre de Cremer. La conduite de ce dernier était cependant des plus naturelles.

En effet, Cremer se rendait parfaitement compte que, vu l'éloignement, il était impossible à Pellissier de prendre part à la bataille de Nuits ; il prévoyait (et les évènements lui ont donné raison) une diversion de l'ennemi sur son flanc droit. Cremer avait donc tout intérêt à ce que Pellissier restât dans ses positions pour s'opposer à une attaque contre la ligne de la Saône.

Mais ce qui nous semble tout-à-fait inexplicable, c'est l'interprétation qu'a donnée Pellissier de la dépêche suivante de Cremer :

« *Beaune, 19 décembre, 9 h. 20 du matin.*

« *Général Cremer à général Pellissier. — Verdun.*

« *Nous nous replions sur Chagny ; attendons renforts et munitions de Lyon ; repliez vos* « *troupes sur Verdun.*

« *CREMER.* »

« *Cremer battait en retraite jusqu'à Chagny* » dit Pellissier. Assertion inexacte et qu'il était moins permis à Pellissier qu'à tout autre d'émettre, puisqu'elle se trouve réfutée par ses propres dépêches. Voici d'ailleurs ces télégrammes :

« *N° d'ordre* 572.
———

« *Beaune, de Verdun, le 19 décembre 1870, à 12 h. 40 du soir.*

« *Général Pellissier à général Cremer. — Beaune ou Chagny.*

« *Général commandant division militaire ordonne de me maintenir à Verdun à tout prix.* « *N'ai plus à Verdun qu'un bataillon de quatre compagnies en formation ; autres troupes* « *envoyées pour appuyer votre droite pas encore rentrées. Envoyez sans délai les trois ba-* « *taillons de la 4ᵉ légion, légion de Mâcon des mobilisés de Saône-et-Loire. Sans eux, ne* « *puis tenir à la fois Verdun et Navilly.*

« *PELLISSIER.* »

« *N° d'ordre* 520.
———

« *Beaune, de Verdun, le 20 décembre 1870, à 5 h. 30 du soir.*

« *Général Pellissier à général Cremer. — Chagny, faire suivre Beaune.*

« *Arrive de reconnaissance. Appris aux avant-postes par garde-forestier allé ce matin* « *près de Nuits que Prussiens auraient quitté Nuits dans la journée. Renseignements donnés* « *sous réserves. Appris également ennemi aurait occupé la forêt et l'établissement de Cîteaux* « *et l'aurait quitté. Également sous réserves. Colonel du 32ᵉ de marche est mort de ses bles-* « *sures et a été enterré. Trois sapeurs qui le soignaient ont été envoyés sur Verdun. Ne les* « *ai pas encore vus depuis mon retour.*

« *PELLISSIER.* »

Le général Pellissier n'ignorait donc pas que Cremer était resté à Beaune avec une partie de ses forces, puisque c'est dans cette ville qu'il lui adressait ses dépêches. Quant à celle du général Cremer, elle n'infirme en rien ce que nous avançons ; car elle mentionnait que le gros de la division se retirait sur Chagny, et ne parlait pas de l'abandon de Beaune. D'ailleurs d'autres télégrammes de Cremer avaient indiqué à Pellissier sa résolution de se maintenir de sa personne à Beaune, et la preuve que le général Pellissier n'ignorait pas ce fait, c'est qu'il adresse sa dépêche à *Chagny, faire suivre Beaune.*

Quand on veut blâmer, encore faudrait-il être sûr des faits sur lesquels se fonde la critique.

Pendant toute la bataille de Nuits, Cremer n'avait reçu aucun renfort des corps voisins. Etabli à Seurre (à 22 kilomètres de Nuits), le commandant Bourras avait entendu le canon toute la journée, sans se décider à y marcher. En vain, le capitaine Olzewski fit-il prévenir son chef et lui demanda-t-il, pour ses trois compagnies au moins qui étaient encore très-près de Nuits, l'autorisation de prendre part au combat; en vain Cremer, voulant ménager la susceptibilité de Bourras, lui fit-il enjoindre de marcher par le général Bressolles. Il n'y avait pas là de succès faciles pour ce chef de francs-tireurs, rien ne put donc le faire sortir de son immobilité.

Cependant, quel effet n'eût pas produit cette démonstration sur les derrières de l'ennemi! Qu'on se rappelle les leçons que nous a données sur ce point le maréchal Bugeaud, les exemples concluants qu'il nous a cités. L'arrivée inattendue de Bourras, à une heure où les Prussiens harassés n'étaient préoccupés que de Cremer, déterminait peut-être chez l'ennemi une panique et nous ouvrait sans doute les portes de Dijon.

Quoi qu'il en soit, Bourras, en ne marchant pas au canon, manqua au plus élémentaire de ses devoirs.

. Nous avons signalé la faute tactique commise par le colonel Poullet à Nuits ; nous devons ajouter que Cremer fit aussi une faute stratégique, en établissant le général Pellissier à Verdun-sur-Doubs.

Du moment où Cremer était résolu de tenir à Nuits, en cas d'une marche en avant des Prussiens, et à faire de cette ville sa base d'opération dans une attaque combinée avec Garibaldi contre Dijon, il devait assurer son flanc droit en prescrivant à Pellissier d'occuper Saint-Jean-de-Losne, et de se relier à lui sur la rive droite de la Saône par de nombreux avant-postes jetés dans la forêt de Citeaux.

Si Pellissier eût occupé ces positions, il eût pris une part décisive à la bataille, en tombant au moment opportun avec ses six mille à sept mille hommes sur les flancs et sur les derrières des Allemands, déjà si fatigués, si ébranlés par la lutte.

Après avoir garanti sa division contre toute entreprise des Prussiens, par l'établissement du gros du 57e à la Doix et de ses grand'gardes en avant de ce village, Cremer s'était replié sur Beaune.

Informé par le général Bressolles et par Cremer de la lutte acharnée qui s'engageait à Nuits, Garibaldi dépêchait, dans la soirée du 18, la brigade Ricciotti qui, arrivée le 19 à Beaune vers une heure du matin, se portait aussitôt sur la Doix pour y renforcer le 57e. Bientôt après débarquaient, avec leurs brigades, Menotti, le comte Bessak-Hauke. Ces dernières troupes ne dépassèrent pas Beaune. Pour se porter plus rapidement à notre secours, elles avaient laissé leur artillerie dans leurs cantonnements autour d'Autun. Il est donc inexact, comme l'a prétendu Garibaldi dans sa lettre au député italien Fabrizzi, que la retraite des Prussiens après Nuits ait été due aux renforts qu'il a envoyés à Beaune; cette retraite était presque terminée quand la brigade de Ricciotti est parvenue à la Doix. Ces troupes, comme l'affirme encore Garibaldi, ne se sont pas interposées entre nous et les Allemands, puisqu'elles se trouvaient en arrière des grand'gardes et du 57e. D'ailleurs tous les auteurs allemands et étrangers sont d'accord pour déclarer que la retraite de Werder lui fut imposée par l'épuisement de ses troupes. Il est certain aussi que l'audace avec laquelle Cremer laissa un bataillon à Agencourt et établit ses grand'gardes si près de l'ennemi, dut peser sur la détermination de Werder.

Exactement renseigné sur l'état d'épuisement et de découragement des Prussiens, Cremer, aussitôt après avoir reçu les deux batteries de montagne que lui expédiait de Lyon le général Bressolles, fit savoir à Garibaldi qu'il avait assez de ses propres forces pour se maintenir à Beaune. Il déclarait qu'il n'avait nullement été battu à Nuits, mais qu'il avait dû se retirer faute de munitions ; non-seulement il n'était pas découragé ; mais une fois ses troupes réapprovisionnées, il reprendrait aussitôt l'offensive.

Aussi, dans l'après-midi du 19 décembre, les trois brigades de l'armée des Vosges étaient-elles reparties pour Autun et Cremer restait-il seul à Beaune.

Rien ne saurait mieux préciser la situation de Cremer, la manière dont il envisageait les évènements, les dispositions dans lesquelles il se trouvait, le concours que lui prêta Garibaldi, les résolutions dictées à ce dernier par les informations reçues — que les dépêches suivantes :

« *Garibaldi à Menotti. — D'Autun à Epinac, le 18 décembre 1870.*

« *On dit Cremer fortement engagé à Nuits ; dis-moi si tu veux un convoi à Epinac pour* « *Beaune où tu iras de suite pour le soutenir ; informe-toi et ordonne à tes francs-tireurs de* « *la vallée de l'Ouche de faire un mouvement sur la route de Dijon à Beaune.*

« *G. GARIBALDI.* »

« *Menotti à Garibaldi. — D'Epinac à Autun, le 18 décembre, 12 h.*

« *Informe-toi de suite s'il est nécessaire que je marche avec tout le monde. Endeline mar-* « *chera au point du jour avec tous les francs-tireurs qu'il rencontrera pour opérer sur le* « *flanc droit et sur l'arrière-garde de l'ennemi.*

« *MENOTTI GARIBALDI.* »

« *Menotti à Sous-Préfet de Beaune, le 18 décembre 1870.*

« *Dites au général Cremer que je vais le rejoindre immédiatement avec toute ma brigade ;* « *j'ai reçu votre dépêche à trois heures du matin.*

« *MENOTTI.* »

« *Général Cremer à général Garibaldi. — De Beaune à Autun, le 18 décembre,* « *11 h. 50 du soir.*

« *Je reçois vos officiers d'ordonnance. Si vous m'appuyez sérieusement, avec les renforts* « *qui me viennent de Lyon,* DEMAIN *je reprends l'offensive. J'ai été attaqué par toutes les* « *forces de Dijon ; nous nous sommes retirés, faute de munitions ; mais nous n'avons pas* « *été entamés. Nous ne sommes pas découragés. Réponse immédiate.*

« *CREMER.* »

Il était impossible d'inviter d'une manière à la fois plus catégorique et plus respectueuse Garibaldi à prendre aussitôt l'offensive, de mieux lui faire comprendre qu'il devait profiter de l'ébranlement, du découragement des troupes de Werder pour frapper le coup décisif, pour donner le coup de grâce. « *Si vous m'appuyez sérieusement, demain* « *je reprends l'offensive.* » Ce n'est pas là une époque indéterminée, plus ou moins éloignée qu'indique Cremer, c'est le lendemain même. Certes, il serait difficile de reprocher à Cremer, dans un moment aussi décisif pour les destinées du pays, d'avoir, sous l'impression des événements de la veille, manqué de coup d'œil et de décision. Il comprenait qu'il fallait ne pas laisser perdre le fruit de si grands efforts, et, selon une expression vulgaire, qu'on devait battre le fer quand il était chaud.

« *C'était d'ailleurs,* dit le général Bordone, *ce que nous apprenaient en même temps les* « *officiers d'état-major envoyés immédiatement sur les lieux pour nous renseigner et diriger* « *les mouvements des troupes mises en marche.* » Menotti lui-même télégraphiait à Garibaldi, le 19 au matin :

« *J'ai vu le général Cremer, il est encore plein d'espoir; voici ses propres paroles : Si* « *Garibaldi me soutient, demain je reprends l'offensive. L'ennemi est très-fatigué et a perdu* « *beaucoup de monde. Ricciotti est arrivé.*

« *MENOTTI.* »

Le général Bressolles, dans la soirée du 18 décembre, mal renseigné par les dépêches du Préfet de la Côte-d'Or (1), envoyait à Garibaldi le télégramme suivant :

« *Renforcez troupes battues, tenez-vous sur vos gardes ; il importe de ne pas laisser* « *enlever Autun.*

« *BRESSOLLES.* »

Enfin, le 19, à 8 heures 35 du matin, le capitaine Fontana, de l'état-major de Garibaldi, lui télégraphiait de Beaune :

« *Le général Cremer continue sans être inquiété sa marche sur Chagny ; il me charge de* « *vous en informer ; on va arrêter le mouvement de Menotti qui devient inutile main-* « *tenant.* »

L'inaction dans laquelle, malgré tout, persista Garibaldi, fut une faute capitale. Il ne comprit pas que le *moment psychologique,* suivant le mot du comte de Bismark, de passer de la défensive passive à une vigoureuse offensive, était arrivé, qu'il fallait agir en toute hâte, profiter de la voie ferrée restée en parfait état jusqu'aux portes de Dijon pour se porter sur cette ville et ne pas laisser Werder reprendre haleine et appeler à lui des renforts. Trois de ses brigades étaient concentrées à Beaune et en avant. Si, comme les circonstances semblaient le lui en faire un devoir, Garibaldi s'était porté sur Beaune avec son artillerie, il est probable qu'il se fût résolu à marcher à toute vapeur sur Dijon, et qu'il eût écrasé Werder avant que les Prussiens eussent eu le temps de se

---

(1) M. Luce-Viellard avait eu le tort de s'en rapporter aux récits des fuyards. Ces lâches, — espèce de gens que renferment même les plus solides armées, — racontaient, selon leur éternelle habitude, que les Français avaient été taillés en pièces, que seuls ils avaient pu s'échapper. Si on avait pris le soin d'inspecter leurs carabines, on les eût certainement trouvées de la plus entière blancheur.

reconnaître. Ce parti semblait tout tracé par la situation ; car, en admettant même que Nuits fût une victoire pour Werder, tel était l'accablement des Prussiens que, comme Pyrrhus après Ausculum, Werder pouvait dire après Nuits : « *Encore une victoire comme* « *celle-ci et je suis perdu.* »

Malheureusement les infirmités qui rendaient Garibaldi impotent le prédisposaient à s'immobiliser à Autun dans un funeste système de défensive passive.

La victoire en ce moment semblait assurée aux Français dans la Bourgogne ; une trouée allait être pratiquée dans les lignes de communication des armées prussiennes. Une fois le gros du 14e corps anéanti sous Dijon, les Français étaient maîtres soit de marcher sur Langres, d'y écraser la brigade de Goltz, soit de se jeter dans les Vosges, d'où il leur était facile de rayonner dans l'Alsace-Lorraine, et, en faisant sauter un certain nombre d'ouvrages d'art sur les voies ferrées, de couper en peu de temps les communications de toutes les armées prussiennes avec l'Allemagne.

Ou bien encore, après une victoire sous Dijon, on pouvait marcher sur Gray et s'avancer par Vesoul sur Belfort, où les troupes de Besançon viendraient opérer leur jonction avec les forces de Bourgogne. Une fois le siége de Belfort levé, une partie des troupes au moins se serait jetée dans les Vosges pour couper les communications avec l'Allemagne.

Ce plan semblait d'autant plus facilement exécutable que, pour le début des opérations, Garibaldi pouvait compter, outre ses trois brigades d'un effectif de quinze mille hommes environ, sur l'appui du 57e et de deux batteries sous les ordres de Cremer, sur les six mille ou sept mille hommes de Pellissier, sur la division Bousquet, établie à Chagny, d'un effectif de neuf mille à dix mille hommes, et sur des renforts tirés de Lyon ; dans deux ou trois jours, sur le reste de la division Cremer complètement réapprovisionnée.

En admettant même le cas le plus défavorable, c'est-à-dire une défaite le premier et le deuxième jour, il pouvait, comme Grant en mai et en juin 1864 en face de Lee, venir à bout de Werder par une suite de retours offensifs. Il fallait, à force de ténacité, user son adversaire.

Nous avons la plus haute estime pour les talents du général Werder ; nous le plaçons au premier rang des généraux de sa nation ; mais nous ne le croyons pas encore de la taille de l'illustre Lee. Et cependant, malgré toute cette belle série de manœuvres qui rappellent la campagne de 1814 par la fertilité des ressources que le général en chef du Sud sut déployer en face d'un adversaire démesurément supérieur en nombre, Lee avait succombé. Werder était condamné à subir le même sort si la tactique de Grant eût été renouvelée après Nuits, tant il est vrai que, comme le dit Napoléon Ier, *la première qualité d'un général en chef est la volonté de vaincre à tout prix.*

Telles auraient dû être, à notre avis, les conséquences de la bataille de Nuits. En nous fondant sur la brillante bravoure déployée par nos troupes à Nuits, sur l'ébranlement produit par cette « *résistance opiniâtre* » sur les Prussiens, nous nous croyons fondé à affirmer qu'une offensive vigoureuse prise contre Werder en ce moment, par toutes les troupes françaises disponibles dans cette région, eût été couronnée d'un plein succès et eût rendu inutile ou tout au moins singulièrement facilité la grande tentative de Bourbaki dans l'Est.

Nous allons plus loin et nous admettons que les Français, malgré leur supériorité numérique, malgré leurs efforts répétés, aient échoué dans toutes leurs tentatives, qu'ils aient été complètement battus devant Dijon depuis le début jusqu'à la fin des opérations, eh bien ! même dans cette hypothèse en apparence si défavorable aux Français, rien ne pouvait mieux servir les intérêts généraux de l'Etat que cette offensive contre Werder. En effet, outre que le commandant en chef du 14ᵉ corps prussien eût vu ses forces épuisées par la suite des victoires qu'il aurait remportées, il eût été ainsi maintenu, amusé sous Dijon, pendant qu'à la faveur de cette habile diversion, de cet impénétrable rideau, le général Bourbaki aurait effectué sa marche sur Belfort. Quand Werder se serait mis en mouvement sur Belfort, sa marche se fût trouvée très-ralentie par les combats d'arrière-garde qu'il aurait eu sans cesse à livrer contre les forces de Bourgogne, ses troupes harassées n'auraient pas été en état de faire cet effort désespéré qui a sauvé l'Allemagne.

Les dépêches du comte de Moltke et de Werder, publiées dans l'ouvrage du major Blume, confirment pleinement l'opinion que nous émettons. Quand on aurait dû faire tuer jusqu'au dernier homme des troupes alors disponibles dans l'Est pour maintenir Werder à Dijon, il n'y avait pas à hésiter. Il ne fallait considérer que le résultat final. Qu'importait l'écrasement de quelques milliers d'hommes, si le siége de Paris était levé. L'art de la guerre ne saurait mieux être défini que *l'art des sacrifices*. Pour dresser un plan de campagne, il faut juger de haut et de loin, voir les résultats définitifs et ne pas s'arrêter aux moyens toujours douloureux. Un général qui ne sait pas se faire battre, qui est incapable de faire, — pour un temps au moins, — le sacrifice le plus pénible à un homme de cœur, — celui de sa réputation militaire, — est indigne du commandement.

Ces réflexions nous montrent assez combien, en temps de guerre, la presse doit être sobre dans ses appréciations sur les événements et sur les généraux, et combien, dans l'intérêt public, il serait nécessaire que la partie des journaux ayant trait aux opérations de la campagne fût soumise, durant tout ce temps, à la censure des autorités militaires.

Cremer avait sollicité le colonel d'état-major Bousquet, qui occupait Chagny avec une division du 24ᵉ corps, de s'unir à lui pour prendre l'offensive, s'offrant de lui servir d'avant-garde avec le 57ᵉ, le bataillon du 32ᵉ resté en réserve à Chaux, ses deux batteries de montagne et les mobilisés de Pellissier.

Cremer comptait, pour appuyer le mouvement, réclamer du général Bressolles un ordre formel à Bouras et aux colonels Fisher et Kinghler d'attaquer Mirebeau et d'y prendre position pour s'opposer à la marche des troupes prussiennes de Gray sur Dijon.

« *Battons le fer quand il est chaud, écrivait Cremer à Bousquet ; dans quelques jours il* « *sera trop tard, les pertes de l'ennemi seront réparées, son moral relevé et ses renforts ar-* « *rivés. Nous aurons laissé passer l'occasion favorable de l'anéantir et d'ouvrir la route de* « *Belfort et des Vosges. Avec toutes les forces dont nous disposons, sans compter Garibaldi,* « *nous pouvons mettre en ligne plus de vingt mille hommes. C'est plus qu'il n'en faut pour* « *achever un ennemi si fort entamé. Un coup d'audace en ce moment n'est pas un coup de* « *génie ; c'est simplement un calcul de raison. Nos lignes de retraite ne sont-elles pas d'ail-* « *leurs parfaitement assurées ? Un échec n'a pour nous aucune conséquence fâcheuse ; une* « *victoire serait au contraire d'une portée incalculable. Toutes les considérations mûrement* « *pesées nous entraînent vers une offensive immédiate.* »

Le colonel Bousquet répondit que cette offensive lui semblait bien téméraire ; que, placé sous les ordres du général Bressolles, il avait pour mission expresse de garder Chagny, et tout en convenant qu'il était peu probable que les Prussiens s'aventurassent jusqu'à Chagny, et s'exposassent par l'éloignement de leur base d'opération et par les positions de nos troupes, à se voir coupés, il n'en persista pas moins dans ses projets de défensive passive, comme en témoigne la dépêche suivante :

« *Beaune, de Chagny, le 20 décembre 1870, 9 h. du soir.*

« *Colonel Bousquet à général Cremer. — Beaune.*

« *Général Garibaldi m'écrit* : On parlait hier d'un mouvement de l'ennemi dans la vallée
« *de l'Ouche, qui ne s'est pas réalisé.*
« *L'ennemi étant faible, n'osera pas nous attaquer dans nos positions. Etant en force,*
« *nous conviendra de l'attendre sur la ligne de Chagny à Autun, dans laquelle nous sommes*
« *appuyés sur le plateau qui, de la vallée de la Draye et par Conches, communique à la*
« *Saône, à Epinac et Autun, positions dans lesquelles nous avons commencé à faire quelques*
« *ouvrages que nous continuerons.*

« *BOUSQUET.* »

Nous ne saurions assez regretter, dans l'intérêt de notre chère France, que le général Bressolles, qui réunissait dans ses mains le commandement du 24e corps, en grande partie organisé au commandement supérieur de l'Est, n'ait pas cru nécessaire de se transporter en Bourgogne, pour juger sur le terrain même de la situation et venir donner par sa présence, sur le théâtre de la lutte, une énergie et une impulsion nouvelles. La situation, les fonctions exceptionnelles dont il était investi, l'autorité indiscutée dont il jouissait, lui permettaient de briser tous les obstacles et d'imprimer aux opérations cette indispensable unité d'action qui, jusqu'alors, avait toujours fait défaut sur cette partie de notre territoire.

Il est possible que la situation supérieure créée au général Bressolles par les forces imposantes dont il eût disposé, lui eût permis d'entraîner Garibaldi dans ses mouvements offensifs.

Mais le général Bressolles, qui déployait dans la formation de nouveaux corps des qualités exceptionnelles d'administrateur, ne sut pas s'arracher à temps à ces utiles fonctions. Absorbé par un travail écrasant, préoccupé de pourvoir ses troupes de ce qui était nécessaire pour entrer en campagne dans l'Est, trouvant ainsi sa présence plus utile à Lyon que dans la vallée de la Saône, il laissa passer l'occasion favorable de rompre le cercle qui nous entourait. D'ailleurs, comme le montre sa dépêche à Garibaldi, le général Bressolles était partisan de la défense directe des points stratégiques de la contrée.

Maintenant que, suivant la sage recommandation du maréchal Bugeaud, nous pouvons *nous livrer à ce travail d'esprit qui consiste à constater les effets, à rechercher les causes et à déduire, du rapprochement de ces deux éléments, ce qu'il aurait fallu faire et ne pas faire,* nous sommes amené à conclure qu'il est profondément regrettable que l'on n'ait pas mis à profit l'effet produit par la bataille de Nuits pour achever Werder ; car, selon la juste remarque d'un des grands maîtres de la stratégie moderne, l'archiduc Charles, « *il y a des fautes et des pertes réparables, mais, à la guerre, ce n'est pas celle du temps.* »

Rentré à Beaune dans la nuit du 18 au 19 décembre, malgré les excellentes nouvelles qui lui dépeignaient le profond désarroi des Prussiens, Cremer prit toutes ses précautions comme s'il devait être attaqué. Il ne conserva avec lui que le 57e de marche et les deux batteries de montagne ; le reste de la division, sous les ordres du colonel Poullet, s'embarquait pour Chagny où le général Bressolles avait expédié tous les effets et les munitions nécessaires pour en réapprovisionner les troupes. Seul, le bataillon de la Gironde devait poursuivre jusqu'à Châlon-sur-Saône où était son petit dépôt et où, en quelques heures, ses pertes matérielles pouvaient être réparées.

Nous puiserons encore nos renseignements sur les mesures prises à Beaune par Cremer dans le véridique historique du 57ᵉ de marche. Nous y lisons :

« *A notre rentrée dans Beaune, le capitaine Santelli, faisant fonction de chef de bataillon,*
« *alla avec le commandant Pardieu, du 32ᵉ, relever les deux compagnies du 32ᵉ établies de*
« *grand'garde en avant de Bouze, sur la route de Bligny-sur-Ouche, en même temps que*
« *le 57ᵉ remplaçait le 32ᵉ aux postes des portes de la ville et au poste de police établi à la*
« *mairie de Beaune. D'après les ordres du général Cremer, une compagnie resta de grand'-*
« *garde à la Doix, une autre à Argilly pour surveiller la voie romaine ; mais toutes ces*
« *grand'gardes, y compris celle de Bouze, furent réduites à une compagnie.*

« *En même temps, les soldats du 57ᵉ et les habitants de Beaune qui avaient été réquisi-*
« *tionnés, se mirent à construire, sous la direction du commandant d'artillerie Camps, des*
« *barricades dans la ville et des retranchements tout autour. Tous les murs des jardins qui*
« *entourent Beaune furent crénelés.*

« *Puis le colonel Millot, accompagné des chefs de bataillon, des adjudants-majors et du*
« *commandant Camps, alla reconnaître le terrain en avant de Beaune pour étudier les me-*
« *sures de défense.*

« *A deux heures, tout le régiment se rendit sur le terrain, et y fit, sous la direction du*
« *colonel Millot, une manœuvre de défense ; les deux batteries d'artillerie y prirent part, à*
« *leur place de bataille.*

« *Le 20 décembre, les deux grand'gardes d'Argilly et de la Doix partirent à une heure du*
« *matin en reconnaissance sur Dijon, en suivant, l'une la grande route, l'autre la voie romaine.*

« *La 1ʳᵉ grand'garde s'avança jusqu'à Broindon et envoya une demi-section jusqu'au-delà*
« *du bois de Champlève, sans rencontrer aucun ennemi. Tous les habitants signalaient l'ab-*
« *sence complète de Prussiens dans leurs environs, depuis le 18.*

« *La 2ᵉ grand'garde s'avança jusqu'au-delà de Brochon et envoya une demi-section jusqu'au-*
« *delà de Persigny : celle-ci abattit quelques uhlans détachés du poste prussien de Chenôve.* »

A son arrivée à Beaune, le général Cremer avait eu à subir les remontrances du commandant Valentin. Avec l'insolence qui lui est particulière, cet officier était venu reprocher au général de ne pas avoir suivi les prudents conseils, disant que si l'on avait battu en retraite sur Lyon, on n'aurait pas tant de pertes à déplorer, que désormais la division était hors d'état de rien entreprendre, etc., etc.

Cremer coupa court à cet acte insensé, en menaçant M. Valentin de le faire arrêter immédiatement et de le traduire en conseil de guerre, ajoutant qu'il n'avait pas de conseils et de remontrances à recevoir de ses inférieurs, et que ceux-ci n'avaient qu'un devoir à accomplir : — l'exécution de ses ordres.

L'effet de ces paroles fut vraiment magique ; le prudent commandant se confondit en excuses, en protestations et sortit aussi humble qu'il avait été arrogant en entrant.

Mais ce maître d'insubordination allait bientôt mettre en pratique ses singulières théories. A peine rendu à Chagny, ne se trouvant pas encore assez en sûreté contre une attaque de l'ennemi, malgré les ordres formels du colonel Poullet, qui lui prescrivaient de rester dans cette ville, avec d'autant plus de raison que les munitions d'infanterie et d'artillerie de la 1ʳᵉ légion se trouvaient emmagasinées à Chagny, Valentin partit avec la 1ʳᵉ légion pour Villefranche.

Indigné d'une telle insubordination, le colonel Poullet en rendit compte aussitôt au colonel Bousquet. Ces deux officiers supérieurs étaient d'accord sur ce point qu'il était indispensable de couper court à une faute aussi grave en faisant arrêter aussitôt M. Valentin, pour le traduire en conseil de guerre. Le colonel Poullet ne crut pas devoir prendre ce parti, avant d'y avoir été autorisé par le général Cremer.

« *J'ai envoyé*, télégraphia Poullet à Cremer, *l'ordre formel par écrit au commandant Va-* « *lentin de ne pas bouger (de Chagny) sans vos ordres. J'envoie une dépêche au général* « *Bressolles, l'informant du départ de la 1re légion. Il n'y a plus de commandement possible,* « *si l'on tolère cette violation flagrante de la discipline. Je ne vois qu'un moyen d'y couper* « *court, c'est de mettre Valentin en prison jusqu'à nouvel ordre et de remettre le commande-* « *ment à l'autre chef de bataillon. Avant de prendre ce parti, j'attends vos ordres.* »

Les généraux Bressolles et Cremer ne partagèrent pas cette manière de voir ; ils craignirent, peut-être avec raison, qu'un acte de rigueur ne surexcitât encore les colères et les passions déjà si violentes et n'affaiblît encore la confiance si fortement ébranlée des troupes dans leurs chefs par les accusations continuelles de trahison portées contre eux.

Toutefois, le général Bressolles comprenant qu'avant tout il fallait forcer Valentin à obéir, lui intima l'ordre de repartir aussitôt pour Chagny. Le général Cremer en était informé par la dépêche suivante :

« *N° d'ordre* 5339.
——

                          « *Beaune, de Châlon, le* 20 *décembre* 1870, 10 *h. du soir.*

        « *Sous-préfet Châlon à général Cremer. — Beaune.*

    « *Le général Bressolles m'a donné l'ordre formel d'envoyer à Chagny la* 1re *légion du* « *Rhône, commandant Valentin. Il me charge de vous en informer.*

                                              « *COTI.* »

Le commandant Valentin ne devait pas mieux se conduire envers ses camarades qu'envers ses chefs ; nous retrouvons dans son livre l'infâme calomnie qui fut lancée après Nuits dans les journaux de Lyon contre le bataillon de la Gironde et en particulier contre la compagnie de ce corps qui s'était si vaillamment battue sur le plateau de Conccœur.

Le général Cremer, qui avait pour principe de ne jamais répondre aux attaques personnelles dirigées chaque jour contre lui, crut de son devoir de ne pas laisser mettre en doute, insulter l'honneur d'un vaillant bataillon, et, par une lettre adressée aux journaux de Bordeaux et de Lyon, il protesta avec indignation contre une aussi abominable calomnie et rétablit la vérité des faits.

Durant toute la campagne, c'est la seule fois que Cremer écrivit quelques lignes dans les journaux. Qu'on l'approuve ou qu'on le blâme ; en tout cas, ses ennemis politiques seraient mal venus à s'en plaindre.

Ce n'étaient pas, comme on pourrait le croire, des sentiments d'animosité personnelle contre Cremer qui avaient poussé Valentin à l'indiscipline, à l'insubordination, mais bien ses détestables principes et sa basse jalousie contre tout ce qui lui était supérieur ; car, nommé colonel de la 1re légion, malgré les avis des généraux Bressolles et Cremer, et passé avec son corps dans la division de Busserolles, Valentin continua à critiquer publiquement les actes de ses chefs, à profiter de toutes les occasions pour leur désobéir, enfin à poursuivre contre eux, dans son ouvrage, son abominable système de calomnies.

Ainsi, il ne craint pas d'accuser de lâcheté le commandant du 24ᵉ corps d'armée, le brave général Thibaudin de Commagny, connu depuis longtemps de toute l'armée pour sa froide intrépidité.

Telles avaient été les fautes de M. Valentin pendant la campagne de l'Est, que le général de Busserolles venait d'obtenir sa suspension de tout commandement pendant un mois, quand arriva le passage de l'armée en Suisse.

Le général de Busserolles avait, à ce moment, prescrit à M. Valentin de se diriger sur Mouth, pour de là gagner Morez et Gex. Ce mouvement conservait la 1ʳᵉ légion à la France.

Le colonel Valentin répondit « *qu'il saurait trouver un chemin plus sûr.* »

Et il piqua droit sur la Suisse. Il avait enfin, cette fois, réalisé son programme ; il était en sûreté. Pendant ce temps, le général de Busserolles, suivi du colonel Marchal, ramenait le 89ᵉ mobiles dans l'Ain.

Un journal de Lyon, faisant allusion à cette savante conception du colonel de la 1ʳᵉ légion, déclara que « *M. Valentin avait bien mérité des mères de famille.* » On ne saurait mieux dire : le système de cet officier aurait en effet, sinon sauvé l'honneur du drapeau, sinon garanti la Bourgogne, du moins conservé aux mères leurs enfants.

On trouvera peut-être que nous nous sommes trop appesanti sur un aussi triste sujet. Notre unique but a été, en découvrant de ces plaies d'une époque tourmentée, de montrer les tristes conséquences des fautes commises et de mettre pour l'avenir nos concitoyens en garde contre ces principes dissolvants d'insubordination et de critique pendant l'action. Notre devoir est de prémunir nos compatriotes contre toutes les erreurs qui nous ont été si funestes pendant la dernière guerre. Il nous était également impossible de ne pas relever les calomnies lancées contre nos vaillants frères d'armes.

Un certain nombre de fuyards appartenant aux légions du Rhône étaient arrivés à Lyon, plusieurs même avant que la bataille de Nuits fût terminée. Selon leur invariable habitude, ces misérables assuraient que la division avait, par la faute de ses chefs, été taillée en pièces, qu'ils en étaient les uniques vestiges. Aussitôt informé de ces faits par le général Bressolles, Cremer lui télégraphiait :

« *Tous les légionnaires qui en ce moment colportent à Lyon des bruits mensongers sur la* « *bataille de Nuits sont des fuyards. Faites-les arrêter et passer en cour martiale.* »

Des lettres particulières, exagérant les pertes et dénaturant les faits, mettaient le comble à l'émotion populaire. Egarés par les déclamations les plus perverses, quelques centaines de scélérats ternissaient l'honneur français par le lâche assassinat du commandant Arnaud, chef de bataillon de la garde nationale de Lyon, l'un des vétérans de la démocratie lyonnaise, mais en même temps l'un des plus énergiques défenseurs de la loi. Fait unique dans l'histoire de la Défense nationale, et que M. Gambetta a justement qualifié *un crime de lèse-nation.*

Nous ne raconterons pas les péripéties de ce drame odieux ; nous nous contenterons d'observer que la responsabilité de ce crime retombe en partie sur les propagateurs des fausses nouvelles ; sur ceux qui, par leurs rapports mensongers, ont provoqué cette effervescence dans une ville si impressionnable. Puisse cette terrible leçon profiter à ceux qui, placés dans une position subordonnée, se pressent de juger des événements qu'ils ne peuvent pas connaître, et enseigner la patience au public ! Que la population attende donc, pour se prononcer, le rapport de celui qui seul, à ce moment, peut rendre compte de l'ensemble des événements, du général en chef. Que l'on se rappelle l'annonce de la prise de Sébastopol apportée par un Tartare, de la victoire de Jaumont, etc., et on se tiendra désormais facilement en garde contre sa première impression.

En même temps que Werder attaquait Cremer à Nuits, il donnait l'ordre à la brigade de la division Schmeling, qui occupait Gray, de faire une diversion sur Pesmes, pour retenir les forces françaises sur ce point et les empêcher de se porter au secours de Cremer.

Le colonel Kingkler du 84e de marche repoussa, le 19 décembre, l'attaque des Prussiens contre Pesmes, après un brillant combat où quatre mille Français (84e de marche et deux bataillons de mobilisés du Jura, du lieutenant-colonel Fisher), sans une seule pièce d'artillerie, eurent à lutter contre sept mille Prussiens.

Pour réorganiser son corps d'armée, Werder avait besoin de ne pas être inquiété. Aussi, dans le but de donner le change aux Français sur ses projets et sur sa situation, il prescrivit à la brigade de Gray, renforcée du régiment cantonné à Mirebeau, un retour offensif contre Kingkler.

Le colonel français, voyant sa position sur le point d'être tournée par les ponts jetés par l'ennemi en aval de Pesmes, exécuta sa retraite lentement et en bon ordre sur Auxonne. Il s'arrêta à Champagney où, renforcé du 26e bataillon de marche de chasseurs à pied et de deux obusiers de montagne, envoyés à son secours par le commandant de la place d'Auxonne, il offrit la bataille à l'ennemi.

Ce fut en vain que les Allemands cherchèrent à débusquer les Français de leurs positions. Après deux heures de combat, ils durent battre précipitamment en retraite sur Pesmes, d'après la nouvelle que le général de Rolland, à la tête de la garnison de Besançon, marchait sur cette ville.

Pendant ce combat, l'ennemi, à l'aide de nombreux partis de cavalerie, avait porté la désolation dans les villages environnants.

Le colonel Kingkler poursuivit les Prussiens, fit subir à leur arrière-garde, avec laquelle il eut plusieurs engagements, des pertes sérieuses, et réoccupa Pesmes le jour même.

Les succès de Kingkler nous furent annoncés par la dépêche suivante :

« *N° 5272.*

« *Déposé le 20 décembre à 9 h. 25 du soir.*

« *Sous-Préfet Châlon à Préfet Mâcon. — Général division, Lyon. — Général Cremer,*
« *Nuits. — Général Pellissier, Verdun. — Général Garibaldi, Autun.*

« *Ennemi chassé hier de Pesmes ; revenu aujourd'hui en nombre, se répand communes de* « *Mutigny, Dammartin et Montmirey-le-Château, est arrêté par 84e ligne et mobilisés du* « *lieutenant-colonel Kingkler et aussi par chasseurs venus d'Auxonne postés à Champagney* « *avec deux pièces de canon. Pas d'autre résultat connu ; on parle de sortie garnison Be-* « *sançon dirigée sur Pesmes.*
« *COTI.* »

C'est donc à tort que le major Blume fixe la date du 17 au combat de Pesmes.

Suivant leur habitude, les Allemands ne manquent pas de s'attribuer la victoire, mais ils rendent implicitement hommage à la valeur déployée par nos troupes, par le chiffre de cinq mille hommes qu'ils attribuent au détachement de Kingkler.

A la même époque, le général de Rolland repoussait les attaques du général de Treskow contre le plateau de Blâmont. Cette importante et très-forte position, qui se trouve au sud de Montbéliard, pouvait, dans le cas d'une tentative de déblocus de Belfort, servir aux Français de point d'appui pour tourner par Delle les lignes prussiennes devant Belfort, et en cas d'insuccès nous empêchait d'être tournés par la contrée qui avoisine la Suisse.

Les nouvelles que Cremer recevait des mouvements des Prussiens augmentaient encore sa fièvre d'offensive. Voici deux de ces télégrammes :

« *Bligny pour Beaune, le 20 décembre 1870, à 9 h. 10 du matin.*

« *Maire Bligny à général Cremer, Beaune.*

« *Je reçois par télégraphe Sainte-Marie 19 décembre dix heures trente soir :*
« *L'ennemi a fait une reconnaissance à Urcy ce matin à neuf heures. Soixante-cinq*
« *hommes environ. Le guide qu'ils ont pris à Fleurey pour les conduire à Urcy rapporte à*
« *son retour qu'ils ont requis des ravitaillements et des logements pour deux mille hommes*
« *qu'ils annoncent devoir venir ce soir à Urcy.*

                                                                   « *LEBEAULT.* »

« *Beaune, de Arnay, le 20 décembre 1870, à 1 h. 40 du soir.*

« *Préfet Haute-Marne à général Garibaldi, Autun, et à général Cremer, Beaune.*

« *Hier à Vitteaux, on m'annonçait l'arrivée à Châtillon de vingt mille hommes détachés*
« *pour opérer dans la Côte-d'Or. Même affirmation a été faite hier à Saint-Seine au lieute-*
« *nant Rolland* . . . .
                                                                   « *SPULLER.* »

Il était élémentaire de tenter d'écraser Werder, avant que Zastrow n'eût opéré sa jonction avec lui.

Aussi Cremer déployait-il dans son œuvre de réorganisation une fiévreuse activité. Non-seulement il réclamait du général Bressolles les effets et munitions nécessaires et des renforts en hommes ; en même temps il faisait appel au dévouement des Préfets des départements voisins pour qu'ils lui envoyassent tout ce dont ils pouvaient disposer. Il espérait ainsi, en réunissant sous sa main les forces éparses qui l'environnaient, en former un faisceau solide à l'aide duquel il pourrait briser les résistances de l'ennemi.

A la demande de munitions adressée par Cremer au Préfet de l'Ain, celui-ci répondait :

« *Beaune, de Bourg, le 20 décembre 1870, à 11 h. 30 du soir.*

« *Préfet Ain à général Cremer, Beaune.*

« *Les munitions de 4 demandées par vous partiront demain 21 à huit heures du matin*
« *pour Chagny. Plus de train ce soir, lorsque votre dépêche est arrivée.*
« *Le capitaine Poggi, de l'état-major de Garibaldi, les accompagnera et ne vous les remettra*
« *que sur un ordre formel de Garibaldi auquel il demande ordres.* »

Le Préfet de Saône-et-Loire faisait immédiatement partir pour Beaune le peloton de vingt-cinq éclaireurs à cheval de Saône-et-Loire qui, sous la conduite du baron Duplessis de Pouzilhac, allait bientôt rendre à notre division les plus signalés services.

Le 22 décembre, la division entièrement réorganisée était concentrée à Beaune, prête à reprendre l'offensive. Mais Cremer, nommé général de division le 21 décembre, était remplacé pendant quelques jours par le général de Busserolles, qui réunissait sous son commandement les troupes qui devaient bientôt former le 24ᵉ corps. Le colonel Poullet devenait le chef d'état-major du nouveau général et conservait avec lui l'ancien état-major du général Cremer.

Le général de Busserolles comprenait bien l'urgente nécessité d'une offensive immédiate ; mais les instructions qu'il avait reçues en vue de la campagne de l'Est l'obligeaient à tenir ses troupes concentrées autour de Beaune, toujours prêtes à s'embarquer en chemin de fer, au premier ordre du général Bourbaki.

Le 25 décembre, le général Cremer recevait le commandement d'une division d'infanterie indépendante de tout corps d'armée, mais faisant partie intégrante de l'armée de Bourbaki.

Le général gardait son état-major et sa 1ʳᵉ brigade ; sa 2ᵉ brigade, sous le commandement de l'ex-général de cavalerie fédérale (Etats-Unis-du-Nord) Carol-Teris, était formée des 83ᵉ et 86ᵉ mobiles. Son artillerie comprenait les trois anciennes batteries et deux batteries d'obusiers de montagnes de 4.

A cette date du 25 finit le rôle indépendant de la division Cremer. Les opérations ultérieures de ce corps appartiennent à la campagne du général Bourbaki.

Les critiques les plus passionnées, dictées par les sentiments les plus divers, ont été adressées à nos opérations. Mais certains écrivains se sont aussi acharnés aux personnes, jusqu'à les traîner dans la boue. Ils auraient dû comprendre qu'en dehors même de Cremer et de son état-major, il y avait dans la division qu'il commandait des officiers de mérite, ayant fait leurs preuves et dont les états de service défiaient toute attaque. A moins de fouler aux pieds leur propre passé, ces hommes avaient toujours dû faire leur devoir, même dans les circonstances les plus difficiles. Il semblait donc au moins naturel de faire ici la part du commandement et celle de l'exécution, au lieu de confondre dans une égale aversion ceux qui exécutent et ceux qui commandent. Mais nos vaillants camarades n'ayant pas été épargnés plus que nous, nous nous faisons un devoir de les dégager ici de la responsabilité qui nous incombe à nous seuls ; si nos conceptions ont été détestables, il faut plaindre nos inférieurs, non les blâmer ; il nous convient à nous de rendre à leur dévouement, à leur bravoure, à leur esprit de subordination et de discipline, la pleine justice qui leur est due.

Au surplus, loin de prétendre pour nous-mêmes à l'infaillibilité, nous avons les premiers signalé nos fautes, bien que celles-ci eussent échappé jusqu'alors à tous les écrivains, estimant, après tous les grands penseurs militaires, que le plus profitable des enseignements réside dans la démonstration des principes par les faits.

Nous croyons toutefois que la critique, pour être utile, doit être fondée et fermée aux suggestions de l'esprit de parti, comme une sorte de thèse philosophique étrangère à toute personnalité. Elle ne porte qu'à la seule condition que les faits sur lesquels elle repose sont exacts, et que les solutions qu'elle indique sont praticables.

Et c'est à cette haute et salutaire critique que nous rendons hommage en répondant aux principales attaques dirigées contre notre œuvre militaire.

De tous les publicistes, il n'en est aucun qui se soit montré plus violent à notre endroit que M. le général Ambert. « *Noblesse oblige* » disait un vieux proverbe. M. le baron Ambert devait peut-être à l'armée française, à son grade élevé, d'écrire une histoire de la guerre sérieuse, consciencieuse, impartiale, avec le sentiment de la solidarité qui, surtout en face de l'ennemi, doit unir tous les membres de la grande famille militaire. Nous nous rappelons à ce propos ce que nous contait un libraire de Sedan pendant l'occupation allemande : « *Quand un ouvrage sur la campagne porte la signature* « *d'un officier français, les officiers prussiens l'achètent aussitôt ; mais ils ne font aucun cas* « *de ceux qui sortent de la plume des bourgeois.* »

La réputation de notre armée, à l'étranger comme en France, est donc attachée aux travaux de nos officiers, en raison même de l'autorité qui s'attache à leurs écrits.

Puisqu'il se constituait le juge d'hommes dont les opinions politiques diffèrent des siennes, la justice imposait précisément au général Ambert l'obligation de se mettre en garde contre ses rancunes, en se livrant à une instruction sévère, minutieuse sur les actes qu'il se sentait par avance disposé à blâmer.

La maxime des anciens, *parcere subjectis et debellare superbos*, ne semble pas avoir inspiré les critiques de M. le baron Ambert ; il a préféré outrager des officiers qui, placés dans les circonstances les plus difficiles, à la tête de troupes improvisées, de certains lieutenants insubordonnés, ont su cependant tenir tête à l'illustre Werder.

Cela dit, que nous reproche M. le baron ?

1° — Il prétend que nous avons opéré notre retraite de Nuits sur Beaune sans prendre aucune précaution, sans établir aucune grand'garde, ni aucun poste dans la ville, que les troupes y ont été logées pêle-mêle, et que *le général Cremer et son état-major sont allés se coucher dans le meilleur hôtel de la ville.*

Les extraits de l'Historique du 57e de marche donnent un formel démenti aux assertions de M. Ambert.

S'il est un reproche qu'on puisse sous ce rapport adresser à Cremer, c'est d'avoir établi ses grand'gardes trop près de l'ennemi avec une audace voisine de la témérité. Les événements ont donné raison à Cremer, qui, de l'aveu de tous les écrivains militaires, jugea la situation avec un coup d'œil rare dans ces moments difficiles.

Cette faute retomberait d'ailleurs sur le colonel Millot, l'un des officiers les plus vigilants et les plus expérimentés de la division, un des glorieux et opiniâtres soldats de Forbach. « *Mais un vigoureux retour offensif*, lisons-nous dans le récit de la bataille de « Forbach du colonel Lecomte, *effectué en parfait ordre sous la conduite de son chef, le* « *colonel Waldner, dégage l'extrême gauche, regagne le terrain perdu et le bois en avant.* « UN BATAILLON DU 55e, SOUS LE COMMANDANT MILLOT, S'Y MAINTIENT INTRÉPIDEMENT ; *tandis que le* « *reste de la brigade Valazé, soutenu d'un bataillon du 76e et de deux batteries de réserve,* « *s'efforce de reprendre les bois qui bordent la route de Sarrebruck.* »

Quant au crime d'être allé se coucher dans le meilleur hôtel de la ville, nous nous étonnons vraiment de nous le voir reprocher par un général. Fallait-il dormir dans la rue ? N'était-il pas naturel que Cremer, après une aussi rude journée, ayant assuré la sécurité de ses troupes, allât prendre quelques heures de repos ? Ces tirades peuvent être d'un merveilleux effet sur les ignorants et sur ceux que rien ne satisfait. Mais M. Ambert croit-il enseigner ainsi la discipline et le respect de l'autorité ? Ce « meilleur hôtel » était simplement la maison de M. P. Bouchard, qui donnait l'hospitalité, non-seulement à Cremer et à son état-major, mais à M. de Carayon-Latour et à quatre cents mobiles de la Gironde.

M. le général Ambert nous reproche d'avoir logé la division pêle-mêle dans Beaune.

Si M. le général Ambert avait jamais fait la guerre en Europe, il saurait que ce n'est pas la nuit qu'un général peut espérer remettre de l'ordre dans ses troupes. Il est un principe que nous enseigne Wellington, c'est de ne jamais retenir sous les armes, inutilement, les soldats fatigués, et de les distribuer sans retard dans leurs camps ou cantonnements. Le général Ambert croit-il que ce n'eût pas été à la fois une folie et une cruauté de ne pas donner du repos, aussitôt après leur arrivé à Beaune, à ces troupes improvisées qui s'étaient si vaillamment conduites, et de ne pas attendre au jour pour rétablir un ordre parfait ?

2° — Le général Ambert blâme Cremer de ne pas avoir profité du désarroi des Prussiens, le lendemain de Nuits, pour enlever Dijon par un retour offensif.

Nous nous sommes assez étendus sur la nécessité de ce retour offensif; mais, de tous les généraux qui opéraient dans la contrée, Cremer était le seul qui, faute de munitions, ne pût pas l'exécuter.

Nous n'ignorons pas que M. Ambert est un de ces preux du moyen-âge qui ne s'arrêtent ni à l'absence d'artillerie, ni au manque de munitions d'infanterie. Dans sa critique de nos manœuvres à Nuits, nous le voyons, reproduisant les inepties d'un ingénieur civil, M. Garnier, nous indiquer des charges à la baïonnette qui auraient tout culbuté. C'est aussi à l'aide d'une attaque à la baïonnette que nous devions enlever Dijon !

Nous ne ferions pas l'honneur à M. Garnier de relever ces fantaisies militaires. On peut être un parfait ingénieur et ignorer les premiers éléments d'une science aussi compliquée que celle de la guerre. Mais que M. Ambert prête à de semblables billevesées l'autorité de son nom, voilà ce qu'il nous est impossible de comprendre.

Écoutons à ce sujet l'un des écrivains les plus justement appréciés de l'Europe, le colonel fédéral Lecomte :

« *A la bataille de Gravelotte*, dit-il dans son excellente histoire de la guerre 1870-71,
« *les plus brillantes qualités des deux modes de combat (l'offensive et la défensive) furent*
« *déployées par les Allemands en offensive, en dépit d'échecs répétés, et par les Français en*
« *défensive, malgré le peu de temps qu'ils eurent pour s'y préparer et* POUR ROMPRE AVEC LA
« LÉGENDE DE L'ATTAQUE A LA BAÏONNETTE.

« *Nous disons à dessein* LÉGENDE; *car les véritables combats à la baïonnette ont été de tout*
« *temps plus rares qu'on ne le raconte. Nous renvoyons, pour renseignements ultérieurs, à*
« *de remarquables et piquants articles publiés en 1868-69 dans le* SPECTATEUR, *sous la signa-*
« *ture : Un garde mobile.* »

Nous croyons que, de tous les officiers qui ont fait la dernière guerre, il n'en est pas un qui professe les théories de M. Ambert sur la facilité et l'efficacité des attaques à la baïonnette. L'illustre maréchal Niel, dans ses remarquables instructions en vue du combat, avait pris grand soin de nous prémunir contre les dangers et les difficultés d'une attaque à la baïonnette, en présence des armes à tir rapide, et les expériences si concluantes des premières batailles n'avaient fait que confirmer les sages prévisions du ministre de la guerre sur les changements apportés dans la tactique.

Que M. Ambert veuille bien lire les remarquables études de tactique, parues après la guerre, des colonels Lewal, d'Andlau, Vandevelde, du major von Scherf, du capitaine Bogulawski, etc., et toutes les histoires sérieuses de la dernière campagne; il reconnaîtra sans peine que ses conseils n'auraient pu conduire qu'à un désastre.

Au moment où un mouvement irrésistible entraîne tous les bons esprits à la suite de M. C. Rousset, et où toutes nos funestes légendes sont à la veille de succomber sous les coups de la sévère et véridique histoire, M. Ambert croit-il nous faire facilement admettre une erreur déjà condamnée avant la guerre?

Nous ne nous arrêterons pas aux outrages que le général Ambert nous prodigue. Ces calomnies ravalent leur auteur plus encore qu'elles ne nous atteignent. Et rien ici ne saurait excuser l'écrivain; car son livre a paru après le procès de Lyon, qui a détruit d'une façon irréfutable toutes les ignominies élaborées chaque jour contre nous par une presse sans bonne foi.

Le général Ambert nous crible d'épithètes qu'il nous répugne de reproduire ici; puis il nous décoche ce trait : « *Les Celler, les Carayon-Latour méritaient un autre chef que* « *M. Cremer.* »

Nous renverrons simplement le général Ambert au réquisitoire du commissaire du gouvernement, le général de division Barry, qu'on n'accusera pas de sympathie exagérée pour Cremer.

« *Nous nous sommes livrés à l'enquête la plus minutieuse,* a dit le général Barry devant le « conseil de guerre, *sur les actes d'ivrognerie reprochés au général Cremer, et nos recherches* « *ont abouti à nous convaincre que non-seulement Cremer n'était point un ivrogne, mais qu'il* « *est même d'une rare sobriété.*

« *Les notes de ses premiers chefs le représentent comme un officier très-intelligent, actif,* « *instruit, audacieux, comme un homme d'avenir. Au Mexique, il est porté deux fois à* « *l'ordre de l'armée. A Metz, il continue à se distinguer. Appelé à un commandement* « *important, il a su, dans une position difficile, réaliser par ses talents, son énergie, son* « *activité, les justes espérances que tous les généraux appelés à le noter avaient fondées* « *sur lui.* »

Quoi qu'en ait pu dire le général Ambert, les Celler, les Carayon-Latour étaient fiers de servir sous les ordres d'un chef qu'ils estimaient et aimaient pour l'avoir vu à l'œuvre, aux prises avec les difficultés. Ces braves officiers ne se trouvaient pas si à plaindre de servir sous Cremer, puisqu'ils refusaient de l'avancement pour rester sous les ordres de ce général, ce dont témoigne la dépêche suivante :

N° d'ordre 5228.
—

« *Beaune, de Chagny, le 20 décembre 1870, à 9 h. 30 du matin.*

« *Commandant bataillon à général Cremer. — Beaune.*

« *Mon général, je suis profondément touché du témoignage d'estime et de confiance que* « *M. le général Bressolles et vous voulez bien me donner, en me nommant lieutenant-colonel* « *du 89ᵉ régiment de marche. En vous priant, mon général, d'agréer l'expression de ma* « *reconnaissance, permettez-moi de ne pas accepter l'honneur que vous m'offrez, et puisque* « *vous avez été content de mon bataillon dans la journée du 18, je vous demande pour* « *récompense de me laisser à la tête de ces braves enfants que je suis fier de commander.* « *Recevez, mon général, la nouvelle assurance de mes sentiments respectueux. Si, mon général,* « *vous pouvez laisser mon bataillon isolé et ne pas l'incorporer dans un régiment, je suis* « *certain de pouvoir le maintenir dans un bon esprit d'ordre, de discipline et de dé-* « *vouement.* »

« *CARAYON-LATOUR.* »

De tous côtés, pendant la campagne, nous arrivaient des demandes d'officiers éprouvés, désireux de servir sous nos ordres. Parmi eux, nous citerons le comte Koziell Poclewski, officier du génie russe des plus distingués, ancien aide-de-camp du général Kaufmann.

C'est sur ses vives et pressantes sollicitations que M. de Freycinet envoya les braves francs-tireurs vendéens, dont il était le chef, rejoindre notre division. Ce n'étaient ni les douceurs de l'existence ni l'inaction qui attiraient vers nous, mais notre sévérité, que certains blâment comme excessive; la discipline proverbiale de notre corps, notre activité étaient, pour les chefs animés de nobles sentiments, un gage d'honneur et de succès.

Un de nos anciens camarades de Saint-Cyr, M. Perrot, capitaine au 3ᵉ régiment de zouaves avant la guerre et colonel d'une des légions alsaciennes à la fin de décembre, nous priait de demander que sa légion fût incorporée dans notre division. Nous ne reçûmes malheureusement sa lettre que plusieurs mois après la paix.

Les nombreux combats que nous avons livrés, la discipline sévère qui n'a cessé de régner dans notre division, la confiance que nous avions su inspirer à ceux qui nous jugeaient à l'œuvre, sont les meilleures réponses aux injures de M. Ambert; car, selon le mot de Pascal, *rien d'entêté comme un fait.*

Les reproches d'ignorance que cet auteur nous adresse ne nous touchent pas davantage. Notre *Essai sur l'Armée nouvelle* et notre *Campagne de l'Est* répondent pour nous.

Il est regrettable que le colonel Rustow, qui compte parmi les écrivains militaires les plus judicieux, les plus instruits de l'Europe, se soit trop hâté d'écrire son *Histoire des Frontières du Rhin,* car les erreurs de fait s'y accumulent au point d'infirmer une partie de ses jugements. Un homme qui possède aussi à fond que Rustow l'art militaire, ne pouvait qu'augmenter encore sa juste réputation en attendant que la vérité fût connue.

Nous ne relèverons pas les nombreuses inexactitudes que renferme son récit de la bataille de Nuits; nous nous bornerons à répondre à la seule critique qu'il nous adresse : « *L'artillerie française, qui occupait les hauteurs de Chaux, avait une position trop défavo-* « *rable pour pouvoir produire grand effet dans la plaine.* »

Nous ne nous expliquons pas un tel reproche de la part d'un tel homme de guerre. Dans toutes les affaires bien dirigées, l'artillerie n'a-t-elle pas toujours été établie dans les positions dominantes? Il est un principe universellement admis de tous les écrivains militaires de la dernière guerre, c'est qu'on doit rechercher pour les pièces d'artillerie des positions qui embrassent le plus vaste champ de tir possible. On est unanime aussi à reconnaître que rien ne favorise plus l'efficacité du tir que la fixité des pièces; c'est pour arriver à déranger les obusiers le moins possible pendant la bataille que l'on cherche constamment à augmenter la portée des canons. On peut même dire que c'est là le grand problème qui préoccupe en ce moment tous les artilleurs de l'Europe.

Les positions dominantes sont donc les seules qui se prêtent à la fois à ces larges vues sur le terrain et par cela même à la fixité des pièces. L'artillerie établie dans des positions dominantes a devant elle, et sur ses flancs, un immense horizon à balayer; apercevant les mouvements de l'ennemi dès leur début, elle peut s'y opposer au moment le plus opportun, et choisir parmi les bataillons ennemis ceux dont le rôle sera le plus dangereux, le plus décisif; elle a peu à redouter les coups des pièces opposées, à cause de l'extrême justesse imposée à celles-ci pour l'atteindre; enfin étant à l'abri de l'ennemi, — même s'il fait des progrès dans la plaine, — l'artillerie continue son tir, sans quitter sa place, et protége de la manière la plus efficace la retraite de l'infanterie.

Nous nous expliquerions la critique du colonel Rustow si, comme autrefois, avec les canons à âme lisse, le tir était roulant au lieu d'être fichant; mais dans l'état actuel de l'artillerie, ce serait la faute la plus grave que pût commettre un général, — quand sa ligne de bataille s'appuie en arrière sur des hauteurs, — de ne pas profiter de ces collines pour y établir son artillerie.

Quant à M. Valentin, nous avons déjà montré que son récit n'est qu'un tissu de calomnies contre ses chefs, contre ses camarades et ses inférieurs ; il n'a qu'un but : la glorification de sa haute personnalité. A l'en croire, seule la première légion du Rhône a combattu à Nuits, et, dans la première légion, un seul homme a tout dirigé : M. Valentin. Ainsi c'est lui qui aurait signalé au colonel Poullet l'importance de Chaux. Or le colonel Poullet n'a pas vu ce personnage de toute la journée, et il le connaissait trop bien pour admettre de lui la moindre observation.

Possédant le don d'ubiquité, ce commandant, dont l'unique et absolu devoir était de rester à la tête de son bataillon, a tout vu, a entendu tous les ordres, était à la fois sur tous les points où l'on se battait.

On croit rêver à la lecture de ces pages, au point de douter de l'équilibre moral de leur auteur, et l'on se dit que ce serait très-risible, si ce n'était très-triste. Heureusement ces apôtres des théories les plus dissolvantes sont rares dans nos armées, où on les pèse assez généralement pour ce qu'ils valent. Rien n'est pitoyable en effet, dans les esprits brouillons ou mal ouverts, comme l'ignorance compliquée de fatuité tenace.

Les critiques de M. Ferrer ne font pas plus honneur à sa science militaire que celles de M. Valentin.

C'est ainsi qu'il accuse la division d'avoir été surprise, Cremer d'avoir tranquillement fumé son cigare en parcourant la ligne de bataille.

Répéter ces inepties, c'est en faire justice ; mais ce qui dénote chez M. Ferrer tout au moins une complète ignorance des éléments de l'art militaire, c'est le reproche qu'il adresse à Cremer de ne pas avoir été complètement renseigné par ses espions sur les projets de Werder, et d'avoir eu besoin pour s'éclairer de faire une reconnaissance. Nous renvoyons M. Ferrer à l'étude du *Service en Campagne*.

Il serait vraiment trop commode de faire la guerre si le service des renseignements donnait autre chose que des probabilités ; mais, comme l'enseigne le maréchal Bugeaud, c'est précisément le talent du général en chef de distinguer le vrai du faux, au milieu des renseignements contradictoires qui lui arrivent. Du reste, M. Ferrer parle de ce qu'il ignore ; car le colonel Poullet avait reçu à Nuits tous les renseignements sur les mouvements des Prussiens assez à temps pour prendre toutes les mesures de défense.

Un journal qui a consacré à Cremer deux longs et violents articles, lui a reproché d'avoir, à Nuits, trop étendu sa ligne de bataille. Cette critique prouve chez l'auteur un complet oubli des changements apportés dans la tactique par les nouvelles armes. La presse, dont la mission est d'instruire, devrait, avant de traiter des questions spéciales, s'éclairer auprès des hommes compétents. Il est fâcheux de se laisser égarer par ses passions politiques dans des questions purement militaires. Nous renvoyons l'auteur de ces deux articles aux ouvrages des colonels Verdy du Vernois, Lehr, Zedeler, Annenkow, et à ceux que nous avons cités plus haut. Qu'il veuille bien parcourir les excellents règlements sur les manœuvres de la Russie, de l'Allemagne, de l'Italie, inspirés par les enseignements de la dernière guerre, et il y verra que l'*ordre dispersé*, imaginé par les généraux de la première République, est devenu l'ordre universellement adopté par toutes ces puissances. Les mesures qu'il reproche à Cremer sont au contraire celles qui lui font le plus d'honneur, puisque ce général avait su mettre à profit les leçons des premières batailles.

Voici d'ailleurs le jugement que porte sur Nuits un écrivain dont on ne niera pas la compétence, le major Blume :

« *Les reconnaissances parties le 16 avaient dépassé Dijon, quand à Nuits déjà, c'est-à-dire* « *à une distance beaucoup moins grande qu'antérieurement, elles rencontrent des corps*

« *ennemis paraissant considérables. Cette nouvelle engage le général de Werder à faire*
« *exécuter vers Beaune une opération concentrique. Il en confie l'exécution au général de*
« *Glümer à la tête de la division badoise, moins la troisième brigade. Ces troupes trouvent*
« *l'ennemi, la division Cremer comptant douze mille hommes environ, avec vingt bouches à*
« *feu,* ÉTABLI DANS UNE BONNE POSITION *à Nuits; après un combat très-acharné de cinq heures,*
« *elles le rejettent vers le Sud et occupent Nuits, après lui avoir fait subir de grosses pertes*
« *et lui avoir enlevé sept cents prisonniers non blessés. Mais du côté des troupes badoises les*
« *pertes étaient très-sensibles aussi; elles s'élevaient à cinquante-quatre officiers et huit cent*
« *quatre-vingt-quatre hommes.* »

Ces positions, que le journaliste français trouve détestables, l'officier prussien (peu
suspect de partialité en faveur des Français) les trouve *bonnes*.

C'est aussi l'avis d'un publiciste français, que ses opinions politiques ne permettent pas
d'accuser de complaisance à notre égard, mais qui, joignant à de solides connaissances
militaires, à une grande rectitude de jugement, un souci constant de la vérité historique, n'établit ses opinions que sur les plus consciencieuses recherches; il s'agit de
M. Wachter, ancien capitaine d'état-major.

« *Le dispositif de combat des Français,* dit-il dans son histoire de la campagne 1870-71,
« *dénote chez leur chef du coup d'œil et une assez grande connaissance du terrain, qualités*
« *assez rares chez la plupart de ses collègues plus anciens de service.* »

Le reproche le plus sérieux qu'on pourrait adresser à Cremer, c'est de ne pas avoir
établi des travaux de fortification passagère sur les points faibles de sa ligne de bataille,
dès le jour même où il avait décidé de livrer une bataille défensive autour de Nuits; car,
selon le mot de Napoléon Ier, « *la fortification passagère est souvent nécessaire, toujours*
« *utile et jamais nuisible.* »

Cette question avait été discutée entre Cremer, Poullet et Camps dans les premiers
jours de l'occupation de Nuits. Voici les motifs qui avaient déterminé le général à ne pas
construire d'ouvrages rapides :

1º — En fortifiant Nuits, nous indiquions à l'ennemi notre intention d'y livrer bataille,
et dès lors il fallait renoncer à l'attirer dans une attaque contre d'aussi solides positions :
car un général aussi instruit que Werder n'aurait pas manqué de nous amuser par une
démonstration devant nos lignes, pendant qu'il se serait porté sur nos derrières et sur
nos flancs pour nous forcer à la retraite, dans la crainte de voir notre ligne de communication coupée. Ce plan était trop clairement indiqué par l'étude du terrain, pour ne pas
être exécuté.

2º — Nous avions appris à Metz combien les tranchées-abris rendaient difficiles les
retours offensifs. Il était à craindre que nos jeunes troupes s'habituassent à être défilées
et perdissent confiance en elles-mêmes dans les marches à découvert.

3º — On pouvait aussi redouter que ces abris exerçassent une attraction trop forte sur
des officiers inexpérimentés, et qu'abandonnant trop facilement leurs places de bataille,
ils vinssent encombrer les ouvrages de façon à en rendre la défense presqu'impossible.
L'artillerie ennemie, en dirigeant son feu sur ces masses, n'aurait pas tardé à jeter dans
ces postes un désordre inexprimable et à bientôt amener leur évacuation.

Ces considérations morales, qui frappent rarement les écrivains, sont cependant celles
qui pèsent le plus sur un général dans l'établissement de son plan.

Quant à Werder, on l'a blâmé d'avoir fait contre nous une attaque décousue. Certains
auteurs allemands vont même jusqu'à prétendre que Degeufeld ignorait le combat qui se
livrait au centre et à l'aile gauche des Prussiens. Cette assertion nous semble erronée;

il n'est pas admissible en effet que Degeufeld, qui avait sous ses ordres un escadron, ne se soit pas relié à Glümer. Dans ce cas, il faudrait encore admettre que Glümer aurait commis la même faute, ce qui nous semble impossible de la part d'un commandant en chef obligé, par sa position même, d'être tenu constamment au courant des péripéties de la lutte sur tous les points. Si l'on se reporte au *règlement prussien sur le service en campagne et sur les grandes manœuvres*, on conclura que ce défaut d'ensemble n'a pas pu se produire, car les Prussiens se sont toujours conformés pendant la campagne, au moins quand l'offensive venait de leurs plans, à la règle prescrite par leurs manœuvres : *d'indiquer, aux officiers chargés des commandements immédiatement placés au-dessous du général en chef, le but général à atteindre et le but particulier fixé à chacun des corps.* Il est donc évident que Degeufeld, chargé d'une mission isolée et du rôle le plus important, connaissait dans son ensemble le plan de Werder dès le 17 au soir.

La critique en apparence la plus fondée que l'on ait faite au général prussien, c'est de ne pas s'être borné à une démonstration contre la droite et les centres des Français, pour porter le gros de ses forces contre leur aile gauche.

Si les Français étaient battus sur le plateau de Chaux, objecte-t-on, ils étaient perdus. Là était donc l'objectif forcé de Werder, tandis qu'une victoire des Prussiens au centre et à l'aile gauche n'amenait pour eux aucun résultat, puisque le lendemain ils retrouvaient Cremer dans une position plus formidable, et qu'en outre ils s'exposaient à se voir attaqués sur leurs derrières et sur leurs flancs par vingt mille hommes de troupes fraîches.

Si l'on veut lire attentivement tous les récits des auteurs allemands et celui du capitaine Hamilton, on remarquera que Werder ignorait la concentration de la division Cremer à Nuits; le général prussien croyait que cette ville ne renfermait que l'avant-garde de Cremer et que le gros des forces françaises était réuni à Beaune.

C'est ce que nous dit Blume, dans le passage cité plus haut.

L'officier d'artillerie prussien M. A... rapporte aussi :

« *On avait appris, par des patrouilles envoyées de Dijon, l'approche de troupes considé-* « *rables. C'était la division Cremer, forte de douze mille hommes et de dix-huit canons.* « *Cette nouvelle avait engagé Werder à donner l'ordre au général de Glümer de faire, le 18,* « *une pointe sur* BEAUNE *avec les brigades badoises réunies à Dijon, et de rejeter Cremer sur* « *Chagny.* »

C'était donc à Beaune que Werder s'attendait à livrer bataille à Cremer; il ne comptait rencontrer à Nuits qu'un régiment. Or, dans cette hypothèse, on ne peut nier que ses dispositions fussent judicieusement prises.

Mais, en admettant que les mesures de Werder eussent été arrêtées en vue d'une bataille à Nuits, et qu'alors il eût renforcé Degeufeld d'une autre brigade, on peut se demander si le succès eût été plus grand pour les Prussiens avec le plan proposé. Telle n'est pas notre opinion.

On remarquera en effet que les Français ont conservé le plateau de Chaux, en dépit des efforts réitérés de l'ennemi, que le colonel Poullet n'a même pas eu besoin d'engager le bataillon de réserve, et qu'au plus fort de l'action six pièces d'artillerie lui ont suffi. Si l'attaque des Prussiens fût devenue plus pressante, Poullet aurait fait replier les forces de Concœur, aurait porté en avant le commandant Pardieu, établi une deuxième batterie et averti son général des dangers qu'il courait, le pressant d'envoyer des renforts.

Quant à Cremer, il n'aurait pas tardé à reconnaître la faiblesse des forces qui lui étaient opposées ; ce plan, qu'il avait formé, avait par cela même un plein succès : la brigade prussienne qui tenait la plaine n'eût pas tardé à être percée par son centre et à être

7

bientôt anéantie. Portant alors la plus grande partie de ses troupes victorieuses sur le plateau de Chaux, il eût rendu cette position imprenable ; en sorte que la bataille, déjà perdue par les Prussiens à leur aile gauche, l'eût été plus complétement encore à leur aile droite, où Werder eût rencontré la majeure partie des forces françaises établies en face de lui dans des positions inexpugnables.

Sans doute il a pu se produire dans cette bataille des fautes de détail commises par les Prussiens ; mais le plan d'ensemble de Werder et la vigueur avec laquelle il fut exécuté ne méritent à notre avis que des éloges.

Un des faits les plus reprochés à Cremer a été l'exécution du maréchal-des-logis d'artillerie Chenet. Il n'est pas d'absurde calomnie que la presse qui vit de scandales n'ait répandue à ce propos sur le compte du général et de son chef d'état-major.

Les mêmes gens qui se posent en soutiens de l'autorité n'ont pas craint de blâmer le général d'avoir fait respecter les lois, et sont allés jusqu'à l'accuser de cruauté pour avoir prescrit d'exécuter la sentence d'un Conseil de guerre, malgré les clameurs d'une population affolée et travaillée à son insu par des émissaires de l'étranger.

Les mêmes publicistes qui louent — et avec raison — le général d'Aurelles de Paladines d'avoir rétabli la discipline dans son armée par l'exécution des rigoureuses sentences des Cours martiales, imputent à crime la conduite absolument identique de Cremer.

Nous avons lu dans un de ces journaux une peinture dramatique *du sombre drame de Beaune* (sic). « Cremer, disait le tendre conteur, avait poussé la cruauté jusqu'à parcourir seul les rues de Beaune, en fumant tranquillement son cigare, sans que le *crime* (sic) qu'il avait commis semblât peser sur sa conscience. »

Ainsi, d'après la théorie de ce défenseur de l'ordre et de l'autorité, le criminel n'est pas celui que le Conseil de guerre a condamné à mort : c'est le général de division chargé par la loi de faire exécuter la sentence. Voilà, on en conviendra, un singulier moyen d'enseigner à ses lecteurs le respect dû à l'autorité, à la loi. N'est-ce pas une honte que l'on s'efforce ainsi d'égarer l'opinion publique, en spéculant sur l'ignorance du peuple, sur ses sentiments d'humanité et de générosité ?

Le même journaliste, qui trouvait plus glorieux d'insulter ceux qui tous les jours exposaient leur vie pour la France, que de prendre un fusil, citait, pour faire ressortir encore notre cruauté, les exemples de ces chefs qui obtenaient de leurs soldats la discipline uniquement par l'amour. C'est ainsi que, pendant la guerre, certains écrivains servaient leur pays, en sapant la discipline si fortement ébranlée déjà, et en attaquant des chefs auxquels les accusations de trahison n'étaient pas épargnées.

Nous ne nous arrêterons pas à réfuter de semblables, erreurs auxquelles leurs inventeurs croient moins que personne. L'histoire, comme le bon sens, nous prouve que dans tous les siècles, quand l'insubordination a pénétré dans les armées, la discipline ne peut se rétablir que par des actes de fermeté.

« *Lorsque dans des temps de tranquillité et de calme,* dit le maréchal de Saxe, *on a mis* « *en oubli la discipline militaire, il est bien difficile de la faire revivre dans des temps d'agi-* « *tation et de trouble, et, si l'on a le bonheur d'y parvenir, ce n'est jamais qu'à ses propres* « *dépens.*

« *Malheureux sont les généraux qui ont à commander des soldats indisciplinés, il faut* « *qu'ils deviennent sévères et même cruels, s'ils veulent rappeler la subordination et l'ordre.*

« *Il faut,* dit encore le célèbre maréchal, *casser la tête sur-le-champ, à celui qui mur-* « *mure ou qui tient des propos capables d'intimider la troupe, comme de dire :* « *Nous*

« sommes coupés, nous sommes pris en flanc, l'ennemi vient par derrière, etc. » Cela est
« d'une si grande conséquence que je n'ai pas besoin d'en donner une plus ample expli-
« cation. »

Si le mode de fonctionnement des tribunaux militaires était plus universellement
connu, il serait impossible aux journalistes sans patriotisme et sans bonne foi de déna-
turer les faits, pour soulever l'opinion publique contre les généraux.

Le général ne fait que déférer l'inculpé aux tribunaux ; son rôle se borne à donner
l'ordre au rapporteur d'informer d'après la plainte qui lui est adressée ; puis, sur les
conclusions du rapporteur et du commissaire de la République, il prononce une ordonnance de non-lieu, ou il renvoie la cause devant le Conseil de guerre, qui statue en toute
liberté, en toute indépendance.

A notre connaissance, il n'est pas de cas où l'autorité militaire ait cherché à faire une
pression sur les juges. Pour tous ceux qui ont pu apprécier la loyauté consciencieuse
des officiers de notre armée, il n'est pas douteux qu'une telle démarche irait à l'encontre
du but que l'on se proposerait.

Une fois le jugement prononcé, le général n'a plus qu'à faire exécuter la sentence,
quelle qu'elle soit.

L'opinion ne s'est égarée jusqu'au point d'accuser de cruauté les généraux que parce
qu'elle ignore la procédure des Conseils de guerre et les garanties données à l'accusé.

Nous avons déjà expliqué les motifs de l'extrême sévérité du code de justice militaire.
Nous ne saurions trop le répéter ; de la discipline, de la subordination dépend le salut
de l'armée ; un général qui ne maintient pas solidement ces bases de toute organisation
militaire, forfait au premier de ses devoirs.

Quant à nous, ces reproches de cruauté que certaine presse nous a adressés, loin de
nous toucher, nous honorent ; ils témoignent de notre profonde soumission à la loi,
de l'intérêt bien entendu que nous portions à nos soldats, du bon esprit de notre
division.

Comme l'a revendiqué hautement le général Cremer au procès de Lyon : « Oui,
« nous avons maintenu dans notre division une discipline ferme, inébranlable, qui ne s'est
« jamais démentie, même dans les plus mauvais jours, et à laquelle les étrangers, comme
« les Français, ont rendu hommage. Et c'est grâce à cette discipline que nous avons
« soutenu, en moins de trois mois, onze batailles ou combats, tous glorieux pour nos armes.
« Je suis fier des attaques, des haines que ce maintien de la discipline m'a attirées, et, loin
« de me repentir, de rougir de la fermeté que j'ai déployée en toute circonstance, je déclare
« que, si jamais un commandement venait à m'être donné, je saurais encore établir et main-
« tenir une discipline aussi sévère, et je ne reculerais pas plus qu'alors devant l'exécution des
« lois et règlements militaires. »

Notre intention est, à l'aide de documents irréfutables, de faire, sur l'exécution du maréchal-des-logis Chenet, le jour le plus complet, de manière à convaincre les esprits les
plus prévenus, les plus mal intentionnés.

Exposons d'abord les faits.

Chenet appartenait à l'une des batteries arrivées de Lyon à Beaune dans la nuit du 18
au 19 décembre. Il avait été condamné à mort pour voies de fait envers ses supérieurs
par une cour martiale de Lyon. Aussi Cremer avait-il reçu l'ordre du général Bressolles
de faire exécuter la sentence.

M. l'abbé Bailly, aumônier de la prison de Beaune, vint solliciter auprès du général
Cremer la grâce du condamné. Le général lui répondit qu'il n'était pas en son pouvoir

de faire droit à sa demande, les décisions des cours martiales n'étant susceptibles ni de révision, ni de cassation, et étant exécutoires dans les vingt-quatre heures.

M. Bailly renouvela sa tentative. Pour le convaincre de son impuissance, Cremer lui lut le texte de la loi et ajouta : « *Le Ministre de la guerre lui-même n'aurait pas plus que moi « le droit de faire grâce.* » Et comme l'abbé critiquait la cruauté du Code militaire, le général répondit :

« *Il ne nous appartient pas, à nous militaires, de discuter les lois. Qu'elles soient bonnes « ou mauvaises, notre devoir se borne à en assurer l'exécution, et, quelque pénible qu'il soit, « rien ne saura m'arrêter.* »

De nombreuses députations de dames de la ville, se disant envoyées par l'abbé Bailly, vinrent encore demander la grâce du condamné. Le général leur fit comprendre, par la lecture des articles du Code militaire, que la loi devait suivre son cours.

Le lendemain matin, 21 décembre, Chenet fut conduit sur le terrain. Un bataillon du 57e et la batterie du condamné assistaient à l'exécution. Le peloton désigné pour fusiller Chenet était formé d'artilleurs de sa batterie.

Aucun coup ne partit. Y avait-il entente entre ces hommes pour ne pas obéir, ou bien, comme le déclara le capitaine de la batterie, les ratés provenaient-ils du mauvais état d'entretien des mousquetons à piston dont les artilleurs étaient armés, et de leur inexpérience? C'est là une question oiseuse à résoudre. Pour ne pas avoir à sévir, nous adoptâmes la version du capitaine Carrère, excellent et digne officier, un de ces hommes qui ne transigent jamais avec leur conscience et dont le caractère énergique nous inspirait toute confiance.

Le capitaine qui commandait le bataillon du 57e, au lieu de faire recharger les armes, comme le lui conseillaient des officiers qui avaient été témoins de cas identiques, perdit la tête et ramena Chenet à la prison. Pour cette faute grave, ce capitaine fut puni par Cremer de trente jours d'arrêt de rigueur.

Averti de ce qui venait de se passer, Cremer prescrivit aussitôt au colonel Poullet de se rendre sur le terrain et de faire procéder sans retard à l'exécution.

Le colonel comptait rencontrer en chemin la voiture du condamné; mais celle-ci était déjà rentrée à Beaune. Il dépêcha aussitôt un officier pour que le condamné fût tiré de la prison et ramené par son escorte sur le lieu de l'exécution; mais une très-vive effervescence s'était emparée d'une partie de la population de Beaune; de nombreux groupes s'étaient ameutés autour de la prison, demandant la grâce de Chenet et vociférant contre Cremer.

L'officier envoyé par le colonel vint lui rendre compte qu'il s'était formé un rassemblement considérable devant la prison pour empêcher l'exécution, et qu'il était impossible de percer cette foule sans faire usage des armes.

Désireux de ne pas en venir à cette extrémité toujours douloureuse, mais surtout en présence de l'ennemi, le colonel ramena les troupes à Beaune et les rangea en bataille devant la prison.

Pour éviter tout conflit avec la foule, Poullet prit le parti de faire exécuter Chenet dans la prison; il signa la levée de l'écrou et, accompagné du colonel Millot, du 57e, il entra dans la maison d'arrêt pour choisir l'endroit du préau le plus convenable à l'exécution, puis il revint sur la place.

Le gardien chef de la prison, Gérard, ayant insisté, afin de couvrir sa responsabilité, pour avoir un ordre signé du général, Cremer le lui envoya et ne tarda pas à arriver, voulant donner plus de poids encore par sa présence à la rigoureuse exécution de la loi.

Un peloton du 57ᵉ de marche, commandé par un adjudant, entra dans la prison et la loi fut satisfaite.

Plusieurs fois, avant l'arrivée du général, les colonels Millot et Poullet avaient en vain engagé la foule à se retirer; ils avaient cherché à lui démontrer que le devoir de tout bon citoyen était de se soumettre à la loi, d'y prêter main-forte, et que c'était un crime de l'entraver. Tous leurs efforts avaient été vains.

Après l'exécution, Cremer, dans une harangue énergique, renouvela à la population le même langage; ses paroles furent couvertes par des vociférations et des menaces : « *A* « *mort Cremer! à mort les officiers! à bas les assassins!* etc., etc. » Quand Cremer monta à cheval, les vociférations redoublèrent encore; nous devons ajouter toutefois qu'une dame du monde eut le courage de s'approcher du général pour lui serrer la main : « *J'ai* « *tenu à vous féliciter de votre conduite; vous avez défendu le droit et la justice, et rien n'a* « *pu vous intimider; mais vous serez assassiné ce soir, tant ils sont ameutés contre vous.* »
— « *Qu'importe, Madame; après moi, un autre,* lui dit Cremer; *mais ils n'oseront pas.* « *Vous avez plus de mérite que moi, car votre protestation vous créera bien des ennemis.* »

Quand les troupes furent rentrées dans leur quartier, Cremer remit ses armes à son ordonnance, alluma son cigare et parcourut seul les rues de Beaune.

Ce sang-froid fit tout rentrer dans l'ordre, tant il est vrai que le plus souvent le mépris du danger est le plus sûr moyen de le conjurer.

Le général Cremer avait reçu l'ordre d'arrêter l'abbé Bailly et les personnes soupçonnées d'avoir fomenté l'émeute et de les envoyer à Lyon pour être traduits en conseil de guerre.

Au reçu de cet ordre, Cremer fit appeler M. Bailly, et après lui avoir reproché l'émeute qu'il avait causée : « *Vous m'exposiez ainsi,* ajouta le général, *à faire tuer cinq ou six cents* « *personnes; car, ne l'oubliez pas, je ne connais qu'une chose — la loi — et pour la faire* « *respecter, je suis homme à faire fusiller toute la population de Beaune et vous à la tête; je* « *suis homme à mettre le feu aux quatre coins de la ville, dussé-je y rester, moi et mon état-* « *major.* »

L'abbé Bailly protesta de son innocence et donna sa parole qu'il n'était pas l'instigateur de l'émeute.

« *Je veux bien vous croire,* répondit Cremer; *mais, si je ne poursuis pas cette affaire,* « *c'est parce que je suis convaincu que l'émeute était dirigée contre ma personne. Or le général* « *Cremer ne venge jamais les injures de M. Cremer.* » Et il congédia l'abbé Bailly et fit remettre en liberté les personnes arrêtées.

Voici le récit que fit M. l'abbé Bailly de l'exécution de Chenet devant le conseil de guerre de Lyon. Nous copions textuellement le compte-rendu du procès :

« *On conduisit le condamné dans le chemin de ronde de la prison. Je me retirai et entendis* « *un feu de peloton, cinq ou six coups de revolver, puis un coup de fusil qui me sembla le* « *coup de grâce. Un chirurgien vint constater le décès et dit :* « L'IMPORTANT EST QU'ENFIN IL « SOIT MORT. »

Donnons maintenant la version du gardien Gérard :

« *On fit entrer dans la prison des soldats un à un, sous le commandement d'un officier.* « *Ils emmenèrent Chenet, et à peine étaient-ils sortis de la prison que j'entendis quatre ou cinq* « *coups d'armes à feu; je supposai que c'étaient des coups de revolver. On m'a dit que c'était* « *l'officier commandant le peloton qui avait lui-même exécuté Chenet à coups de revolver.* « *Les soldats composant le peloton pleuraient en rentrant.* »

Voici enfin la déposition de Mme Gérard, femme du gardien :

« D. *N'avez-vous pas dit à l'officier qui commandait le peloton qui a fusillé Chenet que*
« *c'était un assassinat?*

« R. *Oui, Monsieur.*

« D. *Le reconnaîtriez-vous, cet officier?*

« R. *Non, Monsieur, je sais seulement qu'il portait un manteau à poils.* »

Le général Cremer a clairement réfuté ces dépositions :

« *Il est faux*, dit-il au conseil, *que le 2e peloton ait tiré en l'air, car l'officier, qui aurait*
« *eu l'énergie de brûler lui-même la cervelle au condamné, m'aurait certainement fait son*
« *rapport d'un fait aussi grave, sûr d'être approuvé et récompensé par moi. Je l'aurais mis*
« *aussitôt à l'ordre de la division, et j'aurais fait passer tous les soldats qui composaient le*
« *peloton en cour martiale.* »

Il était clair que les insinuations de l'abbé Bailly et les réticences des gardiens n'avaient
d'autre but que de désigner indirectement le colonel Poullet comme étant l'officier qui
avait exécuté Chenet.

Le colonel Poullet n'eut pas de peine à démontrer au conseil la fausseté, l'impossibilité
matérielle de ces allégations. Voici le compte-rendu textuel de sa déposition :

« *Si j'avais exécuté Chenet à coups de revolver, je ne craindrais pas de le déclarer ici*
« *publiquement; car si le peloton du 57e s'était rendu coupable de l'acte d'insubordination*
« *que lui impute l'abbé Bailly en tirant en l'air, je n'aurais fait, en brûlant la cervelle à*
« *Chenet, que mon devoir de soldat, devoir pénible il est vrai, mais méritant, car il fallait*
« *que force restât à la loi, et nous eussions montré une faiblesse coupable en cédant devant*
« *l'émeute. C'en était fait alors de la discipline dans notre division.*

« *Si les assertions de M. Bailly et des gardiens étaient exactes, et que je me*
« *fusse trouvé sur le lieu d'exécution, c'était donc à la fois mon droit et mon devoir d'exécuter*
« *Chenet; ma conscience ne me reprochant rien, — loin de là, — j'en aurais immédiatement*
« *rendu compte à mon chef, certain d'avance de sa complète approbation.*

« *M. Bailly, en voulant ternir mon honneur, a donc, à son insu, rendu le plus bel hommage*
« *à ma fermeté, à mon sang-froid, à mon profond attachement à la loi.*

« *Les coupables, d'après la version de M. l'aumônier, les seuls coupables seraient alors le*
« *peloton d'exécution du 57e. En réfutant l'abbé Bailly, ce que je défends ici ce n'est donc*
« *pas moi, qui ne saurais être mis en cause, mais l'honneur de ce corps si discipliné, de ce*
« *brave régiment dont les officiers comme les soldats ont toujours su obéir, et partout, dans*
« *les circonstances les plus difficiles, se montrer les fidèles soutiens des lois et des règlements*
« *militaires.*

« *Je déclare donc de la manière la plus formelle, j'affirme de la façon la plus catégorique,*
« *la plus positive que Chenet a été frappé par les balles du peloton, et qu'aucun coup de revolver*
« *— non point cinq ou six — mais pas un seul n'a été tiré, ni par l'adjudant commandant le*
« *peloton (c'est lui que désigne le gardien), ni par moi (comme semble le laisser supposer la*
« *femme Gérard par la description du manteau que je portais).*

« *Voici comment les faits se sont passés :*

« *Après avoir signé le billet d'écrou, j'entrai avec le colonel Millot du 57e dans la cour de*
« *la prison pour choisir le terrain d'exécution ; puis je sortis de la prison pour n'y plus*
« *rentrer. Le général Cremer arriva sur ces entrefaites et donna l'ordre réclamé par le gar-*
« *dien de fusiller Chenet dans la prison.*

« *Le colonel Millot y fit entrer un peloton du* 57e, *commandé par un adjudant. De la place*
« *qui est devant la prison, où j'étais avec le colonel Millot et un groupe d'officiers du* 57e,
« *nous entendîmes très-distinctement le feu de peloton, puis le coup de grâce. Aussitôt le*
« *colonel Millot prescrivit au docteur du* 57e, *qui était avec nous en dehors de la prison,*
« *d'aller constater le décès. Le chirurgien revint et rendit compte que la mort de Chenet avait*
« *dû être instantanée. Je suis certain que si le docteur était appelé, qu'il certifierait que*
« *Chenet a été tué par les balles Chassepot du peloton. Je regrette qu'il ne soit pas cité devant*
« *vous pour que le moindre doute ne pût rester sur l'invention de l'abbé Bailly, et que ce point*
« *fût complètement éclairci.*

« *Ces coups de revolver auraient été d'ailleurs entendus par les deux ou trois mille*
« *personnes qui étaient sur la place de la prison, toutes très-irritées contre nous, et elles*
« *n'auraient pas manqué d'en rendre compte aussitôt à l'autorité civile.*

« *Or M. Luce-Viellard vous a dit qu'il n'avait jamais entendu parler, ni le jour de l'exé-*
« *cution, ni à aucune autre époque, de ces prétendus coups de revolver.*

« *M. Paul Bouchard, actuellement maire de Beaune, qui n'a jamais quitté cette ville et*
« *qui, par ses fonctions mêmes, se trouve en rapports journaliers avec les habitants de cette*
« *localité, vous a dit que non-seulement on n'avait jamais parlé à Beaune d'une exécution de*
« *Chenet à coups de revolver, mais que, quand il y a un mois et demi l'abbé Bailly avait ra-*
« *conté cette fable, personne n'y avait ajouté foi et qu'on n'y avait vu qu'une odieuse manœuvre*
« *contre Cremer.*

« *Vous pouvez interroger toutes les nombreuses personnes de Beaune appelées ici en*
« *témoignage, et toutes, j'en suis sûr, vous diront que cette fable des coups de revolver n'a*
« *jamais été contée par d'autres que l'abbé Bailly et les époux Gérard.*

« *Si cette exécution à coups de revolver était vraie* (1), *le juge d'instruction et le procureur*
« *de la République de Beaune, qui tous deux étaient dans cette ville au moment de cette*
« *affaire et qui ont fait la première instruction du procès actuel, auraient nettement établi la*
« *vérité des assertions de l'aumônier et des gardiens.*

« *Ils se trouvaient tout naturellement éclairés, ou au moins les recherches leur étaient sin-*
« *gulièrement facilitées par leurs rapports avec les habitants et leur présence même sur le lieu*
« *de l'exécution au moment même et depuis cette affaire. Il faudrait admettre qu'ils fussent à*
« *la fois bien peu perspicaces et bien sourds à tous les bruits, pour ne pas avoir eu vent de*
« *ces coups de revolver. Or ces magistrats, si bien placés pour recueillir de nombreux témoi-*
« *gnages, n'ont pas rencontré un seul témoin qui vînt, même indirectement, confirmer le récit*
« *de MM. Gérard et Bailly, et ils n'ont pas émis le moindre doute sur la régularité de l'exécution.*

« *Ces coups de revolver auraient aussi été entendus des bataillons du* 57e *qui étaient sur la*
« *place. On en aurait causé, et la vérité n'aurait pas manqué de transpirer.*

« *Enfin ils auraient aussi frappé les oreilles du général Cremer, qui était aussi sur la*
« *place et aurait aussitôt demandé des explications, et, si elles ne l'eussent pas satisfait,*
« *ordonné une enquête.*

« *Pour que la version de M. l'abbé Bailly soit soutenable, il faut donc admettre que les*
« *deux ou trois mille habitants de Beaune, que les trois bataillons du* 57e, *que le général*
« *Cremer étaient tous* SOURDS.

« *Ainsi, Messieurs, j'en suis arrivé à vous prouver que non-seulement le récit de* MM. *Bailly*
« *et Gérard n'est pas* VRAI, *mais qu'il n'est même pas* VRAISEMBLABLE.

(1) Le général Cremer et M. de Serres avaient d'abord subi trois semaines de prison préventive à Beaune
à propos de l'affaire Arbinet.
Mais, à la suite de l'instruction, la magistrature civile s'était déclarée incompétente et Cremer et de Serres
avaient été renvoyés devant le conseil de guerre à Lyon.

« *Ce qui me semble plus extraordinaire encore, c'est que les trois témoins racontent des*
« *détails sur une exécution à laquelle ils n'ont pas assisté. Ce ne sont donc là que de pures*
« *suppositions, toutes gratuites de leur part et qui ne reposent que sur le trouble de leur*
« *imagination dans ce moment d'effervescence populaire.*

« *Mais quand je creuse l'affaire, je cherche en vain le motif qui aurait déterminé le 2ᵉ pe-*
« *loton à tirer en l'air ; car, remarquez bien que ce 2ᵉ peloton ne se compose plus d'artilleurs*
« *de la batterie de Chenet, comme le premier, mais de sous-officiers et de caporaux du 57ᵉ,*
« *choisis avec soin parmi les plus dévoués à leur devoir, tous gens étrangers à Chenet.*

« *J'ai déjà dit combien il me serait facile de prouver mon absence de la prison, si les offi-*
« *ciers au milieu desquels je me trouvais au moment du feu de peloton étaient témoins au*
« *procès ; mais il est encore une preuve matérielle que je n'ai pu tuer Chenet à coups de*
« *revolver : c'est que, durant toute la campagne, je n'ai jamais eu de revolver ; tous les offi-*
« *ciers de l'état-major et de la division qui déposent ici vous diront que je n'ai jamais eu*
« *d'autre arme qu'un sabre. M. Paul Bouchard le sait aussi. Il eût fallu alors que j'emprun-*
« *tasse un revolver à un officier, et cela devant toute la foule, devant le 57ᵉ, et vous trouveriez*
« *alors beaucoup de témoins qui viendraient déposer de ce fait.*

« *M. Bailly se base, — et c'est là son plus solide et son seul argument, — pour prétendre*
« *que Chenet a été tué à coups de revolver, sur la parole suivante échappée après l'exécution*
« *au docteur chargé de constater le décès :* « L'IMPORTANT EST QU'IL SOIT MORT. »

« *En admettant le fait, cette phrase ne signifie nullement que le docteur ait fait allusion*
« *au genre de mort de Chenet ; elle veut très-certainement dire :* « PEU IMPORTE QUE CHENET
« AIT ÉTÉ FUSILLÉ EN PRISON OU SUR LE TERRAIN, L'IMPORTANT EST QUE FORCE SOIT RESTÉE A LA LOI. »
« *Je ne puis douter un instant que telle soit la signification de ses paroles.* »

Après cette déposition, Mᵐᵉ Gérard est rappelée :

« D. *N'avez-vous pas dit à l'officier qui commandait le peloton qui a fusillé Chenet que*
« *c'était un assassinat ?*

« R. *Oui, Monsieur.*

« D. *Le reconnaîtriez-vous, cet officier ?*

« R. *Non, Monsieur, je sais seulement qu'il portait un manteau à poils. Mais Monsieur*
« *doit s'en souvenir ; si c'est lui que j'ai appelé assassin dans la prison, c'est lui ; si ce n'est*
« *pas lui, ce n'est pas lui.* » (Hilarité prolongée dans l'auditoire.)

Le colonel Poullet réplique :

« *Je ferai remarquer d'abord que Madame appelle assassin un officier qui n'a fait que son*
« *devoir ; car, n'ayant pas assisté à l'exécution, elle ignorait forcément que cet officier eût exé-*
« *cuté lui-même Chenet ; en second lieu, cette insulte n'a pu m'avoir été adressée, puisque je*
« *ne commandais pas le peloton et que j'étais en ce moment sur la place. Si elle m'eût appelé*
« *assassin dans l'intérieur de la prison, je l'aurais fait empoigner et coffrer immédiatement et*
« *j'en aurais rendu compte aussitôt au préfet en demandant sa destitution. Car je n'admets*
« *pas et je ne souffrirai jamais, quand j'aurai l'autorité en mains, que des employés du Gou-*
« *vernement, chargés de faire respecter et exécuter la loi, soient les premiers à la violer. Ce*
« *qui est possible et probable, c'est que cette femme m'ait insulté sur la place. Nous avons été*
« *appelés assassins par tant de femmes, qu'il me serait impossible de me rappeler si Mᵐᵉ Gérard*
« *était du nombre.* »

Comme l'a énergiquement relevé dans son vigoureux plaidoyer l'éloquent défenseur du
général Cremer, M. Le Chevalier : « *On s'étonne à bon droit de voir une éclipse de sens*
« *moral aussi totale. Dans quel temps vivons-nous, pour que les rôles soient ainsi renversés ?*

« *Contre qui prend-on parti? Contre le représentant de la loi, contre celui qui a pour mission*
« *de la faire exécuter. Le coupable seul est intéressant; on n'épargne aucune mise en scène*
« *pour le poser en victime, et, par une interversion inouïe des rôles, on transforme en assassins*
« *les soldats qui exécutent la sentence légale, inattaquable d'un conseil de guerre. Et aujour-*
« *d'hui vous assistez au triste spectacle d'un employé du gouvernement qui, après avoir insulté*
« *des chefs militaires auxquels il doit obéissance et respect, ose s'en glorifier devant vous*
« *comme d'un acte tout naturel.* »

Quelques lecteurs s'étonneront peut-être que le rapporteur et le commissaire de la République n'aient pas approfondi davantage cette question et éclairci complètement ce débat, en citant le docteur qui avait constaté le décès et les autres officiers qui se tenaient avec le colonel Poullet, lors de l'exécution du maréchal-des-logis d'artillerie. C'est que, comme l'ont déclaré le général Cremer, le colonel Poullet, comme l'ont reconnu le président du Conseil, le maréchal Baraguay-d'Hilliers et le commissaire de la République, le général Barry, Chenet était condamné légalement ; l'officier qui l'eût exécuté si le 2ᵉ peloton avait tiré en l'air, loin d'être répréhensible, était au contraire digne d'éloges. Cette question n'offrait donc au Conseil qu'un intérêt de curiosité.

Certes, les illustres hommes de guerre de la Révolution et de l'Empire se seraient énergiquement révoltés contre les insinuations de l'abbé Bailly et contre les conséquences désastreuses pour la discipline qui en découleraient.

Citons à l'appui un trait du général Duhesme, un des plus nobles caractères de cette glorieuse époque, celui-là même que Napoléon Iᵉʳ appelait un *général parfait, le même dans le bonheur et le malheur.*

« *Après la bataille de Neerwinden,* lisons-nous dans la Galerie militaire de Babié et
« Beaumont, *Duhesme fut chargé de brûler un pont sur la Loo. Il sut vigoureusement main-*
« *tenir la discipline parmi les soldats découragés et expulsa du corps quelques pillards, après*
« *les avoir fait raser et dégrader. Ces hommes murmurèrent. Duhesme dit froidement :*
« *Soldats, je serai inflexible; mon devoir est de braver la mort dans les occasions où elle sera*
« *glorieuse pour moi. Vous, officiers, l'honneur vous crie de suivre mon exemple : présentez*
« *la pointe de vos épées et percez le premier qui sortira des rangs.* »
« *L'ordre fut rétabli sur-le-champ.* »

Or, ce soldat intrépide qui, blessé grièvement à Waterloo, fut lâchement massacré par les Prussiens, était non-seulement un général accompli, un écrivain militaire distingué ; mais il comptait parmi ces chefs doux et humains qui, comme Suchet, ne croyaient pas faire assez en assurant le bien-être de leurs soldats, mais savaient se faire estimer et aimer par les populations ennemies. Ce n'était pas un ambitieux, insatiable d'honneur ; mais, comme Carnot, Lecourbe, il était de ces libéraux qui vécurent dans une studieuse retraite sous l'Empire et ne reprirent l'épée que quand la France fut en danger.

Tout le monde sait que Napoléon Iᵉʳ décimait sans jugement les maraudeurs, les pillards devenus si nombreux dans les dernières guerres de l'Empire. On les réunissait par dizaines, et, dans chaque dizaine, on tirait au sort qui serait fusillé.

« *Le service en campagne,* dit très-justement le colonel d'Andlau (1), *reconnaît au*
« *commandant de l'armée une autorité absolue, n'admettant ni discussion ni partage.*
« *Rappelons ici un fait qui donne à cette assertion une éclatante confirmation. Dans une*
« *des expéditions du sud de l'Algérie, un jeune colonel, aujourd'hui général, commandait une*

_____

(1) Metz. — Campagnes et négociations par un officier supérieur. — Dumaine.

« colonne. *Au moment de prendre une résolution grave contre les prisonniers des tribus ré-*
« *voltées, il hésita à se charger seul de la responsabilité et rassembla un conseil de guerre pour*
« *agir d'après son avis.*

« *« Informé de ce qui s'était passé, le gouverneur général enleva immédiatement au colonel*
« *le commandement de la colonne; il n'admettait pas qu'un chef pût se soustraire à la*
« *responsabilité qui lui incombait, ou il le tenait pour incapable d'exercer l'autorité. Il est vrai*
« *que ce gouverneur général s'appelait le maréchal Pellissier et qu'il savait comprendre les*
« *devoirs du commandement.* »

La loi nous interdisant de poursuivre des témoins au sujet de leurs dépositions
devant un tribunal, nous avons dû nous borner à établir la fausseté de leurs assertions
par les témoignages même qu'ils avaient si imprudemment invoqués. On n'a pu oublier
que c'est uniquement sur une parole échappée au docteur chargé de la constatation du
décès que M. Bailly a basé toute son argumentation. Si donc le docteur lui donne un
démenti, toute son œuvre, sapée par la base, s'écroule avec fracas, et de cette argumentation si péniblement échaffaudée, il ne reste même plus de vestige.

Nous sommes donc allés tout droit au but et, à notre tour, sûr de la vérité, nous avons
demandé à l'honorable docteur de vouloir bien nous éclairer.

Voici le certificat qu'il a bien voulu nous adresser. L'original, ainsi que ceux des
pièces qui suivent, se trouvent entre les mains de la Commission d'enquête du
4 septembre :

« *Quelques jours après la bataille de Nuits (Côte-d'Or), c'est-à-dire du 18 au 22 décem-*
« *bre 1870, un bataillon du 57e de marche cantonné à Beaune (Côte-d'Or) fut désigné pour*
« *assister à l'exécution du maréchal-des-logis d'artillerie Chenet, condamné à mort par la*
« *cour martiale séant à Beaune.*

« *Je n'avais point été désigné pour assister à l'exécution de ce sous-officier et l'adjudant*
« *ne trouvant point mon collègue, ne put me prévenir que fort tard.*

« *Au moment où je me dirigeais vers l'endroit où l'exécution devait avoir lieu, je vis le*
« *condamné revenir à Beaune dans la voiture qui l'avait conduit. Il était accompagné par*
« *M. l'abbé Bailly, aumônier de la prison de Beaune, et la foule acclamait le retour du*
« *condamné.*

« *Vers midi, M. le général Cremer, commandant la division, donna l'ordre d'extraire de*
« *la prison de Beaune le sous-officier, pour que l'arrêt de la cour martiale fut exécuté. A ce*
« *moment, la foule, composée surtout de femmes et d'enfants, avait envahi les abords de la*
« *prison et du palais de justice de Beaune; on dut recourir, pour dégager la porte de la pri-*
« *son, aux commandements de baïonnette au canon et en avant : les officiers retirent les*
« *hommes, et la foule s'écarta en laissant libre la porte de la maison d'arrêt; mais, groupée*
« *en masse sur les escaliers du palais de justice et dans les rues avoisinantes, elle rendait*
« *dangereuse l'extraction du condamné.*

« *J'étais alors avec MM. les colonels Poullet et Millot : ce dernier, embarrassé de la situa-*
« *tion que lui faisait d'un côté une foule exaspérée et ameutée par des menées occultes ; de*
« *l'autre, par son devoir de militaire lui ordonnant de faire donner force à la loi. Je lui dis*
« *alors :* L'IMPORTANT EST QU'IL SOIT MORT, FAITES ENTRER DIX HOMMES D'ÉLITE DANS LA PRISON
« ET QUE JUSTICE AIT LIEU DANS UN PRÉAU, PUISQUE LA FOULE REND L'EXÉCUTION PUBLIQUE IMPOS-
« SIBLE. *Je lui donnais même le conseil, afin d'assourdir le bruit des détonations, de com-*
« *mander aux tambours un roulement au moment de l'exécution.*

« *J'ai vu les hommes entrer dans la prison ; j'ai entendu les détonations ; mais j'étais*
« *dans la rue. M. Desfrièches, alors adjudant au régiment, actuellement sous-lieutenant au*
« *57ᵉ de ligne, a lu la condamnation, a commandé le feu, et en l'absence de médecin, croyant*
« *à un reste de vie, fit donner au sous-officier Chenet le coup de grâce.*

« *En conséquence, j'affirme que le sous-officier Chenet a été tué, ainsi que l'exigeait la loi,*
« *par un feu de peloton, que le coup de grâce lui a été donné avec un chassepot et par un*
« *sergent de peloton d'exécution, et que M. le colonel Poullet n'a pris à cette exécution d'au-*
« *tre part que celle incombante au chef d'état-major transmettant les ordres de son général.*

« *Certifié véritable la présente déclaration après lecture faite par moi de la reproduction*
« *sincère de ma dictée.*

  « *La Charité, 6 octobre 1873.*

         « *Docteur* BREUN,

     « *Médecin interne à l'asile d'aliénés. —* La Charité *(Nièvre).*

Jamais, croyons-nous, on ne vit personne mieux battu par ses propres armes que
M. Bailly ; jamais on ne s'enferra plus complétement ; jamais les arguments, les témoignages ne se redressèrent mieux contre celui qui les avait invoqués, ne tournèrent
davantage à sa confusion.

Nous ferons remarquer que l'interprétation par nous donnée devant le Conseil de
guerre, de la fameuse phrase du docteur : « L'IMPORTANT EST QU'IL SOIT MORT » se trouve
confirmée par la déclaration du docteur.

En outre, M. l'abbé Bailly a complétement défiguré le sens et la portée de cette
phrase, en la mettant dans la bouche du docteur, après le décès de Chenet, tandis qu'il
résulte de la déclaration de M. Breun qu'elle a été dite avant l'exécution.

Dans le dernier cas, il est vrai, ces paroles ne pouvaient pas servir à l'argumentation
de l'abbé Bailly.

Après le témoignage du chirurgien du 57ᵉ, le débat est clos, et jamais cause ne fut
plus éblouissante de clarté.

Nous tenons cependant à mettre encore sous les yeux de nos lecteurs les pièces suivantes, pour montrer qu'aucun des nombreux spectateurs de cette affaire — pas plus
la population de Beaune que l'armée — n'a cru, à aucun moment, à une exécution à
coups de revolver.

Cédons d'abord la parole à M. Luce-Viellard, Préfet de la Côte-d'Or pendant la
Défense nationale :

« *Je déclare que l'exécution du maréchal-des-logis d'artillerie Chenet, qui, par suite d'une*
« *coupable et intempestive opposition faite au jugement rendu par le conseil de guerre, a eu*
« *forcément lieu dans l'une des cours de la prison de Beaune, n'a pas été suivie de l'acte*
« *odieux imputé au colonel Poullet.*

« *Quelques instants après l'exécution, je me suis rendu dans l'intérieur de la prison et*
« *j'affirme que rien de semblable ne m'a été dit, ni par le gardien, ni par l'agent de la police,*
« *ni par un grand nombre de personnes qui se trouvaient dans les cours ou en dehors.*

« *L'ex-préfet nommé et commis le 2 novembre 1870 à la défense de la Côte-d'Or.*

        « *P.* LUCE-VIELLARD. »

M. Lamarle, ancien élève de l'Ecole polytechnique, capitaine du génie démissionnaire et Sous-Préfet de Beaune, à l'époque de l'exécution de Chenet, nous a adressé la lettre suivante :

« *Sailly-Saillisel, par Combles (Somme),* 13 *juin* 1873.

« *Monsieur le colonel,*

« *Je viens de recevoir une lettre de M. Antonin Bourgeois, de Beaune, qui me parle des* « *renseignements que vous avez désiré prendre auprès de M. Luce-Viellard, au sujet des* « *relations et des rapports qui ont accompagné ou suivi l'exécution du maréchal-des-logis* « *d'artillerie Chenet.*

« *Au moment de cette malheureuse affaire, je m'installais à la sous-préfecture et je puis* « *affirmer formellement les faits suivants que je vous livre à titre de renseignements.* »

« *Voulant savoir dans la mesure du possible ce qui s'était passé, je fis venir à la sous-* « *préfecture le gardien-chef de la prison, Gérard. C'était* CINQ ou SIX *jours après l'exécution* « *de Chenet. Je lui ai demandé un récit détaillé et complet de ce qu'il savait. De son récit, il* « *résulte qu'il* N'A PAS ÉTÉ TÉMOIN DE L'EXÉCUTION, QU'IL N'A RECONNU AUCUN DES OFFICIERS QUI « SONT VENUS RÉCLAMER LA REMISE DE CHENET, *au peloton chargé de l'exécuter, et qu'il n'a connu* « *aucun des détails de l'exécution* AUTREMENT QUE PAR LE BRUIT DES DÉTONATIONS ET LES CONSTA- « TATIONS QU'IL A FAITES APRÈS LE DÉPART DE LA TROUPE.

« *Je lui donnai l'ordre de me faire un rapport écrit. Ce rapport ne contient non plus au-* « *cune affirmation différente de celles qu'il m'avait faites verbalement. Le gardien, d'après* « *la succession des détonations et d'après les traces des balles sur le mur, etc., a supposé que* « *des coups de revolver avaient été tirés. Ses conjectures n'ont pas eu d'autre base — et il* « *n'a pu faire aucune hypothèse précise sur les auteurs de ces derniers coups.*

« *Il n'est donc pas admissible que le gardien Gérard ait dit à personne, à aucune époque,* « *que des coups de revolver avaient été tirés par vous. — Si certaines suggestions ont pu* « *l'amener, — ce que j'ignore, — à préciser, plus qu'il ne l'avait fait à cette époque,* « *la manière dont il supposait que les choses avaient eu lieu, c'est qu'on aura aidé sa mé-* « *moire et modifié ses souvenirs — mais il demeure impossible qu'il ait pu s'imaginer avoir* « *reconnu les officiers et être en mesure d'affirmer leur intervention dans un acte aussi grave,* « *lorsque, cinq jours après, il ignorait quels étaient ces officiers et n'avait aucun renseigne-* « *ment sur les faits eux-mêmes.*

« *Veuillez, etc.*

« A. LAMARLE,
« *Ancien sous-préfet de Beaune.* »

Nous écrivîmes alors à M. Lamarle pour lui demander si, en dehors du gardien, quelqu'autre habitant de Beaune lui avait rapporté que Chenet avait été exécuté à coups de revolver. Voici la réponse qu'il nous adressa :

« *Sailly-Saillisel, par Combles (Somme),* 5 *janvier* 1874.

« *Il n'y a absolument que le gardien de la prison qui, dans ses paroles, ait insinué auprès* « *de moi que des coups de revolver auraient été tirés sur le maréchal-des-logis Chenet. —* « AUCUNE *autre personne ne m'a parlé en ce sens. —* AUCUNE *ne m'a dit même avoir entendu* « *prononcer des suppositions de ce genre.*

« *D'ailleurs il est absolument certain que ni l'*ABBÉ, NI LE GARDIEN N'ONT ASSISTÉ A L'EXÉCUTION.

« *Le rapport du gardien le témoigne nettement. Voici ce qu'il dit textuellement :*

« M. L'ABBÉ S'ÉTANT RETIRÉ, IL S'ÉCOULA ENVIRON TROIS MINUTES, ET UNE DÉTONATION SOURDE SE
« FIT ENTENDRE ET SUCCESSIVEMENT QUATRE ET CINQ COUPS PARTIRENT APRÈS, ET UNE INTERVALLE
« (*sic*) DE TROIS MINUTES, UN DERNIER COUP FUT TIRÉ, APRÈS QUOI LA TROUPE SE RETIRA.

« *Voilà ce qu'écrivait le gardien-chef dans son rapport à moi, sous-préfet. — En admet-*
« *tant même l'entière véracité du récit, je ne vois pas autre chose que l'accomplissement ré-*
« *gulier du jugement légalement rendu.*

« *Veuillez, etc.*

« *A. LAMARLE.* »

« *P. S. — C'est justement le 20 décembre, jour de l'*ARRÊT *et veille de l'exécution, que je*
« *suis arrivé à Beaune.* »

Nous noterons que le rapport de M. Gérard est en contradiction flagrante avec sa
déposition au Conseil de guerre. Devant les juges, le gardien dit que les coups de
revolver ont été tirés après le départ de la prison du peloton d'exécution ; il affirme au
contraire dans son rapport « *que quatre ou cinq coups partirent après le feu de peloton* »
(ce qui est très-admissible et arrive tous les jours dans les feux de peloton exécutés aux
manœuvres), « *et une intervalle* (sic) *de trois minutes, un dernier coup fut tiré* (le coup de
grâce du sergent désigné ad hoc), *après quoi la troupe se retira.* »

Or, sans même mettre en doute la bonne foi de cet employé, en attribuant son
deuxième récit à une absence de mémoire, on conviendra que son rapport, fait immédiatement sous le coup des événements sans qu'il ait pu subir aucune pression, *avant
qu'*ON *lui ai dit,* comme il l'a déclaré au Conseil de guerre, *que c'était l'officier qui avait
exécuté Chenet à coups de revolver,* on conviendra que son rapport offre une tout autre
garantie de véracité et d'authenticité que sa deuxième version, considérablement aug-
mentée. Il ne serait pas sans intérêt non plus de savoir quel est ce *on* qui lui a dit que
c'était l'officier commandant le peloton qui avait tiré des coups de revolver.

Il n'est pas inutile de connaître sur cet événement l'opinion des troupes qui étaient
présentes ; nous ne pouvions mieux nous adresser qu'au digne chef du 57ᵉ de marche,
le lieutenant-colonel Champcommunal, aujourd'hui en retraite à Limoges. Voici la
réponse qu'il nous fit :

« *Limoges, le 23 juin 1873.*

« *Mon colonel,*

« *Je ne connaissais pas les attaques, les insinuations perfides dont vous êtes l'objet. J'ai*
« *lieu d'en être surpris.*

« *Il est difficile de garder un souvenir parfaitement certain de ces heures de fièvre brû-*
« *lante où l'on a eu affaire à tant de monde en un instant et tant à penser ; d'autant que,*
« *uniquement préoccupé de l'accomplissement d'un pénible devoir, on est loin de songer à*
« *l'avenir.*

« *Sans que ma mémoire me permette de l'affirmer, je crois me rappeler que, comme vous*
« *le dites, vous étiez près de moi dans la rue, au moment de l'exécution du maréchal-des-*
« *logis Chenet.*

« *Mais la question me semble plus haute.*

« *Il y avait condamnation par une cour martiale. C'est à ce tribunal que Basile doit*
« *s'adresser, s'il l'ose. Le condamné avait été conduit le matin sur le terrain. Il avait subi,*

« *sans être atteint, le feu du peloton d'exécution. Le capitaine, brave au feu pourtant (comme*
« *chef de corps, je l'ai vu à l'œuvre), avait eu la faiblesse de ramener vivant à la prison, ce*
« *malheureux voué à la mort par un arrêt de la justice militaire.*

« *Fallait-il reconduire ce sous-officier au lieu du supplice, en plein jour, au risque de se*
« *voir obligé de verser le sang d'un peuple innocent, mais tristement égaré et très-surexcité,*
« *en vertu de cet axiôme :* IL FAUT QUE FORCE RESTE A LA LOI ? *L'exécution dans l'enceinte des*
« *murs de la prison ne devenait-elle pas alors une véritable mesure de salut public ?*
« *Poser ces questions, c'est les résoudre.*

« *Ce qui est bien certain, c'est qu'il fut sur place commandé un peloton d'exécution. Je*
« *l'ai vu entrer et sortir. Séparé du lieu de l'exécution par le seul mur d'enceinte, je déclare*
« *que la détonation était produite par plusieurs armes à feu, sans que mes souvenirs me per-*
« *mettent de dire s'il y a eu ou s'il n'y a pas eu de coup de grâce.*

« *Nous avons tous fait* EXÉCUTER LA LOI, *en présence d'une population fanatisée probable-*
« *ment par de grands coupables. Voilà ce qui ressort nettement de mes souvenirs.*

« *Il est vraiment aisé à certains hommes, toujours dans l'ombre aux heures difficiles, de*
« *venir après l'orage, au moment de la curée, jeter la boue à la face de ceux qui, au prix de*
« *mille tortures physiques et morales, ont lutté jusqu'à la fin, dans l'unique espoir d'être*
« *utiles à leur pays.*

« *Je ne sais quel médecin présidait à l'exécution ; le docteur de mon régiment était*
« *M. Breune, de Gray, si ma mémoire ne me fait pas défaut.*

« *Veuillez croire, mon colonel, à mon entier attachement.*

« *CHAMPCOMMUNAL,*

« *ex-lieutenant-colonel, commandant le* 57e. »

« *P. S. — Appelé par le service à vous voir bien des fois chaque jour, je ne me suis*
« *jamais aperçu que vous fussiez porteur d'un revolver.* »

Nous craindrions d'affaiblir cette droite et vigoureuse argumentation, en y ajoutant
un mot.

Il nous paraît maintenant superflu de citer les nombreuses lettres des officiers du 57e,
qui toutes protestent contre l'acte d'indiscipline, le refus d'obéissance imputé à une frac-
tion de ce régiment par M. l'abbé Bailly. Tous, s'appuyant sur les témoignages unanimes
de l'adjudant et des hommes du peloton, déclarent que Chenet a été exécuté règlemen-
tairement, que personne n'a entendu ces prétendus coups de revolver, et n'en a ouï
parler.

Peut-être trouvera-t-on que nous nous sommes trop appesanti sur ce sujet. Nous ne
pouvions pas laisser planer le moindre soupçon sur notre parole ; nous avons aujour-
d'hui rempli une promesse que nous avions faite à notre vénéré et bien aimé beau-père,
M. Carbonnier, mort juge d'instruction à Coulommiers : nous avons suivi le conseil du
meilleur des pères, d'un homme qui ne transigeait jamais avec sa conscience, du magis-
trat le plus intègre et le plus esclave de son devoir, tombé à la fleur de l'âge victime,
nous avons trop lieu de le croire, d'un empoisonnement criminel. Cette complète réfuta-
tion d'une assertion aussi mensongère que perfide est le plus bel hommage que nous
puissions rendre à la mémoire de celui que nous avons tant aimé.

Certaine presse a transformé l'artilleur Chenet en gendarme, on voit facilement dans
quel but.

Nos lecteurs diront de quel côté, dans cette circonstance, furent la loi, le droit, la
justice.

Nous pourrions remplir des volumes avec les infamies débitées sur notre compte, avant le procès de Lyon ; car, depuis que le réquisitoire du loyal général Barry a fait justice de ces turpitudes, on veut bien nous laisser tranquilles dans notre retraite.

Les témoins oculaires ont joué un grand rôle dans cette campagne dirigée avec tant de mauvaise foi et de violence contre nous. On savait que c'était le moyen le plus sûr d'en imposer à l'opinion. Le procès de Lyon a montré la confiance qu'on peut avoir dans ces témoignages ; il n'y en a pas un seul, quelle que soit la confiance que la position sociale ou l'honorabilité du témoin dussent inspirer, qui n'ait été convaincu tout au moins d'avoir parlé de choses qu'il n'avait pas vues, sinon d'avoir effrontément menti.

Nous emprunterons, à notre *Pétition à l'Assemblée* (1) quelques anecdotes qui achèveront d'édifier le lecteur sur la valeur de certains témoins oculaires.

L'un, par exemple, dit que Cremer était dans un café à Beaune, tandis que sa division se battait à Nuits. Cette histoire démentie, on ne se tient pas pour battu : Cremer était ivre le 18 décembre, il le fut toute la journée.

Cremer, parti en reconnaissance le matin, n'a bu et mangé que le soir ; le comte de Chabans, son aide-de-camp, qui ne l'a pas quitté durant la bataille, n'hésite pas à l'affirmer.

Ces Messieurs, qui voient tant de choses, n'ont guère l'esprit inventif ; ils ne font que répéter ce qu'on disait déjà au président Lincoln du général Grant : « *Eh bien ! reprit* « *Lincoln, demandez à Grant le nom de son marchand de vin, afin que j'envoie de son vin à* « *tous mes généraux.* »

Un député avait plaisamment raconté que l'état-major de Cremer, couchant dans son château, s'y était affublé des vêtements de femme qu'on y avait laissés.....

Je fis dire à cet honorable qu'il en avait..... comment écrire cela ?..... car jamais nous n'avions passé à proximité de son château.

« *Si ce n'est lui, alors c'est Billot* » répliqua l'excellent homme.

Voici enfin une aventure personnelle assez plaisante :

J'étais à Paris, chez un libraire que je connais depuis longtemps : entre un Monsieur se disant le maire de Mouth, qui, à la vue de mon ouvrage : *Le général Cremer*, se met à déblatérer sur Cremer, Clinchant, etc. ; — c'étaient des ignorants, des ivrognes, il les avait tous vus chez lui, etc.

Désireux de m'instruire, je ne soufflais mot.

— Et le colonel Poullet, le connaissez-vous ? lui demanda le libraire.

— Je ne connais que lui, répliqua sans hésiter le témoin oculaire, c'est encore un fameux ivrogne, celui-là ! Imaginez-vous que quand il est arrivé de Frasnes à Mouth, il est descendu chez moi, mourant de soif et de faim. Je n'avais à lui offrir qu'un de ces gros fromages du Jura (50 centimètres de diamètre sur 15 centimètres de haut) et une bouteille d'eau-de-vie. Il a bu d'un trait la bouteille d'eau-de-vie et avalé le fromage sans pain.

— Vous êtes bien sûr, vous le connaissez bien ?

— Parbleu ! il est resté quarante-huit heures chez moi, je le reconnaîtrais entre mille.

— Eh bien ! je vous présente M. Poullet, dit le libraire en me montrant ?

Stupéfaction du témoin oculaire qui se trouble, rougit et balbutie.

— Je me trompe sans doute.

— Monsieur, lui dis-je, vous êtes bien malheureux dans vos inventions, c'est la première fois que j'ai l'honneur de vous voir. A peine arrivé à Mouth, je suis allé prendre

(1) Chez Dentu. — Palais-Royal.

les ordres du général Thibaudin de Commagny. Ces ordres communiqués à ma division, je me suis jeté sur une botte de paille sur laquelle j'ai dormi pendant deux heures ; après quoi nous sommes repartis.

Quant au fromage, vous tombez mal, je l'ai en horreur ; je ne bois jamais d'eau-de-vie.

Cette anecdote est le digne complément de celle où l'on fait boire au général Cremer et à moi tout un tonneau de vin !.....

Déjà les étrangers, que n'aveuglent ni les passions politiques ni l'esprit de parti, ont fait justice de ces calomnies et ont rendu à nos efforts, à nos manœuvres stratégiques, à notre caractère un éclatant hommage.

Tous les écrivains militaires français sérieux, quelles que fussent d'ailleurs leurs opinions politiques, du moment où ils ont voulu faire une étude sérieuse des derniers événements — M. Wachter, comme MM. C. Farcy, Michiels, Adolphe Michel, etc., — ont fait ressortir la discipline, la valeur de nos troupes, notre énergie et la justesse de nos plans.

Nous attendons aujourd'hui avec confiance le jugement que prononcera sur nous la Commission d'enquête du 4 septembre, — certains que ses recherches aboutiront au même résultat que celles de l'honorable général Barry ; car nous nous sommes montrés constamment, quels que fussent les obstacles, les gardiens inflexibles de la loi et des règlements militaires.

Et notre conduite privée, soit pendant la campagne, soit depuis que la décision de la Commission des grades nous a obligés à donner notre démission, ne redoute pas plus la lumière que notre vie de soldat en campagne.

CHAPITRE VIII.

OPÉRATIONS DE GARIBALDI DU 2 AU 25 DÉCEMBRE 1870.

Immobilité du gros des forces de Garibaldi à Autun pendant tout le mois de décembre, fondée sur l'opinion que cette ville était l'objectif de Werder, sur l'insuffisance de l'armement et sur l'inexpérience des troupes. — Véritable mission de Zastrow et de Werder (7e et 14e corps prussiens) mise en lumière par les instructions du comte de Moltke. — Urgence d'une action vigoureuse de toutes les troupes françaises pendant le mois de décembre. Le déblocus de Paris, objectif commun à toutes les armées de province : situation précaire des approvisionnements de la capitale à cette époque. — Des armées improvisées et des armées aguerries (maréchal de Saxe). — Mouvements de quelques détachements de l'armée des Vosges sur Montbard, Nuits-sous-Bavière, Semur, Saulieu. — Destruction du pont de Buffon sur l'Armençon. — Zastrow rétablit, dans le courant de décembre, et successivement, les communications par voie ferrée jusqu'à Chaumont, Troyes, Châtillon-sur-Seine, Nuits-sous-Bavière, sans être inquiété par l'armée des Vosges. — Menotti porte des détachements dans la vallée de l'Ouche et à Sombernon dès le 20 décembre : engagements de ces corps avec les avant-postes prussiens autour de Dijon. — Importante dépêche de M. de Freycinet à Garibaldi (21 décembre) pour le pousser : 1° à sortir de son inaction à Autun ; 2° à se porter à Bligny. Mission de Garibaldi : retenir Werder le plus longtemps possible à Dijon et occupation de cette ville. — Funestes conséquences sur la campagne de l'Est de la non-exécution de cet ordre et de l'entêtement de Garibaldi à se tenir constamment sur la défensive expectante, tant à Dijon qu'à Autun. — Explication de la contradiction entre le système de marche pratiqué par Garibaldi dans ses précédentes expéditions et de celui de défensive passive suivi en France. — Infirmités physiques, vieillesse du général. — Le général Bordone, véritable chef de l'armée. — Nécessité pour un général d'être jeune et d'avoir une santé robuste. Opinions à cet égard de Napoléon, Ségur, Bugeaud, La Moricière. — Plans de campagne qui se présentaient à Garibaldi. — Discussion théorique du système de défensive directe, expectante, et du système de marches (Guibert, Carnot, Napoléon). — Condamnation historique du premier de ces systèmes : Campagne de Turenne en 1653 ; passage des lignes de la Méhaigne, de Bouchain, de Denain. Campagne de 1814. — Plan du général Bordone relatif à une diversion dans l'Est. — Autre plan de déblocus de Belfort, sous le commandement de Garibaldi, indiqué par le général de Rolland. Refus du général de Rolland et des officiers sous ses ordres de servir sous Garibaldi. — Récriminations du général Bordone : affaire Panni. — Leçons à tirer des difficultés éprouvées par le général Bordone et des embarras créés au gouvernement par la présence de Garibaldi en France. Nécessité d'éviter les causes de division et par suite de ne jamais confier de commandement en chef à des étrangers.

Après son succès du 1er décembre à Autun, Garibaldi concentra la majeure partie de son corps dans cette ville et résolut d'y attendre une nouvelle attaque des Prussiens.

D'après lui et son chef d'état-major, le Creuzot était l'objectif de l'ennemi ; tous deux pensaient que Werder, renouvelant avec des forces plus considérables l'attaque de Keller contre Autun, leur donnerait l'occasion de remporter une nouvelle victoire. Cette très-fausse opinion des projets de l'ennemi ne reposait sur aucun fait, sur aucun mouve-

9

ment, sur aucun intérêt de l'adversaire; c'était un écart d'imagination n'ayant d'autre base que le désir du colonel Bordone de voir l'ennemi s'engager dans une voie dont l'expérience lui avait montré le danger, pour procurer à Garibaldi l'occasion d'une victoire facile. Ce fut cette illusion, que rien ne nous semble justifier, qui amena Garibaldi à se tenir, pendant tout le mois de décembre et les premiers jours de janvier, sur une défensive expectante d'un point trop éloigné de l'ennemi pour en être menacé.

On ne peut plus conserver aujourd'hui le moindre doute sur les intentions des Allemands, en se reportant aux instructions de Moltke aux généraux Zastrow et Werder, « *où il leur recommande de ne pas trop s'étendre, de ne pas* OCCUPER DE POSITIONS D'UNE « MANIÈRE PERMANENTE, *sans les plus sérieux motifs, et de faire surtout une guerre de marche.* »

D'après ces projets de l'ennemi, qu'il était d'ailleurs facile de deviner en réfléchissant à la position, à la force des corps prussiens et à leurs missions spéciales, on voit que Garibaldi était en parfaite sécurité à Autun, à l'abri d'une attaque des Prussiens; mais qu'en même temps il se mettait dans l'impossibilité de faire aucun mal à l'ennemi et laissait celui-ci libre, sans crainte pour ses flancs ou ses derrières, de disposer de toutes ses forces pour accabler les corps voisins; en un mot, Garibaldi faisait porter tout le poids de la guerre sur Cremer et sur les troupes du Jura (à Nuits et à Pesmes).

Toutes les dépêches du général Bordone, comme les déclarations de son ouvrage, nous montrent le chef d'état-major de Garibaldi uniquement préoccupé de la défense d'Autun. Ainsi, le 3 décembre, nous trouvons un ordre de défense de cette place, sur l'importance de laquelle il revient sans cesse.

Du reste, le général Bordone constate lui-même l'immobilité à laquelle il se condamne ainsi volontairement pendant le mois de décembre à Autun : « *Nos seize mille hommes,* « dit-il, *n'en tenaient pas moins la campagne; mais quant à faire des marches en masse et à* « *entreprendre une opération de longue haleine, nous avions eu le courage de déclarer au* « *ministre que nous n'en ferions rien, tant que nos troupes ne seraient pas équipées, de façon* « *à supporter avec avantage les fatigues de la lutte; bien différents en cela de la plupart des* « *officiers généraux qui, en acceptant des commandements, ne considèrent que le chiffre des* « *troupes qu'on leur confie, sans s'inquiéter d'abord de leur degré d'instruction ou de leur* « *équipement et de leur armement.* »

Tous les généraux, sans exception, s'inquiétaient autant que le colonel Bordone des besoins de leurs troupes et se rendaient parfaitement compte de l'insuffisance de l'armement, de l'habillement et de la quantité de munitions; mais ils étaient plus pénétrés encore de l'urgence d'agir pour sauver Paris quand il en était temps encore. Le déblocus de la capitale ne s'imposait-il pas comme l'objectif général de toutes les armées de province? Si l'on attendait, n'était-il pas à craindre que ce terrible « *trop tard* » ne vînt à sonner le jour où l'on serait prêt pour la lutte. Non, les généraux français ne se faisaient aucune illusion sur l'imperfection de leurs troupes, de leur armement; mais leur conscience leur criait d'agir et ils marchaient, confiants dans la justice de leur cause, espérant, par leur indomptable ténacité, forcer les rigueurs de la fortune; puis, quand la patrie est en danger, des officiers français pouvaient-ils avoir d'autre devise que : « *Fais ce que dois,* « *advienne que pourra?* » Nos pères nous avaient-ils donc donné l'exemple de ces hésitations devant l'ennemi? Et n'avaient-ils pas de meilleures raisons que l'armée des Vosges de rester immobiles, ces soldats en guenilles de Hoche, de Pichegru et de Bonaparte? Leurs généraux prétextaient-ils, pour ne pas prendre l'offensive, que leurs hommes étaient mal équipés, mal habillés, mal armés? Dira-t-on que Hoche ne se préoccupait pas du bien-être de ses soldats?

Sans doute les temps étaient difficiles; tout était à improviser, les obstacles s'amoncelaient les uns sur les autres; on devait s'attendre à voir souvent ses projets échouer par la faute de lieutenants inexpérimentés et de troupes peu aguerries. L'histoire apprise non pas dans des récits trop habilement apprêtés, mais dans les mémoires des illustres acteurs de cette grande époque, nous enseignait que jadis les mêmes difficultés s'étaient présentées et qu'elles n'avaient été vaincues qu'à force de ténacité et d'expérience chèrement acquise. La guerre de la sécession n'avait-elle pas été pour le Nord, malgré ses énormes ressources en hommes et en argent, une succession de désastres pendant les premières années? Le Sud n'avait succombé que sous les plus effrayants sacrifices. En France, malheureusement, on s'est trop habitué à ne voir de la guerre que le côté brillant : les victoires. On ne réfléchit pas à ce que ces batailles ont coûté d'efforts; on ne pénètre pas assez dans les difficultés journalières du commandement; on ne voit pas les privations supportées avec patience et héroïsme. L'histoire se résume en quelques batailles ou quelques dates. Toute cette méthode déplorable est à changer. Avec elle on développe peut-être la mémoire, mais sans profit pour le jugement. Une telle histoire donne-t-elle de l'expérience? Est-elle donc, selon le mot si sage des anciens, la « maîtresse de la vie ? »

Tous ceux qui commandaient les armées de la Défense nationale étaient pénétrés de la vérité de ces paroles du maréchal de Saxe, qui semblent avoir été écrites tout exprès pour les temps que nous traversions :

« *Des armées bien exercées et bien rompues en temps de paix dans les différentes évolu-*
« *tions, auront un avantage constant au commencement d'une guerre sur celles qui le seront*
« *le moins, et cela est vrai, mais aussi l'on a toujours remarqué qu'après quelques campa-*
« *gnes, les armées les moins exercées à ces mêmes évolutions, s'y formaient insensiblement*
« LORSQUE LA DISCIPLINE ÉTAIT RIGIDEMENT OBSERVÉE.

« *D'ailleurs, ces armées si bien dressées pendant la paix, perdent nécessairement leur*
« *grand avantage si la guerre dure trois à quatre années ; car, pendant cet espace de temps,*
« *les trois quarts au moins des vieux soldats bien exercés périssent, soit par la mort, soit par*
« *les maladies, soit par les désertions, — lesquels ne peuvent être remplacés que par des*
« *nouveaux.*

« *Ainsi, ces deux armées si différentes l'une de l'autre dans la science des évolutions, au*
« *commencement de la guerre, se trouvent à peu près égales au bout de trois à quatre cam-*
« *pagnes ; c'est alors que toutes les ressources que les diverses occasions peuvent suggérer et*
« *fournir doivent se trouver dans la tête seule des généraux qui les font agir.*

« *Le czar Pierre a donné une preuve bien sensible de cette vérité ; Charles XII lui ap-*
« *prit à faire la guerre ; il en coûta, il est vrai, un peu cher au czar ; mais une seule jour-*
« *née lui suffit pour réparer ses pertes et le dédommager des dépenses immenses qu'il avait*
« *faites pendant plusieurs années.* »

Le général Bordone nous dit bien, d'une manière par trop générale, que, pendant que le gros de ses forces restait à Autun, il envoyait des détachements, des expéditions à Nuits-sous-Bavière, Tonnerre, Montbard, Semur, Saulieu; mais d'un autre côté nous trouvons, dans les ouvrages allemands, qu'à la même époque ces points étaient fortement occupés par les Prussiens et que ceux-ci n'y furent nullement inquiétés. Les ouvrages allemands, anglais, russes, autrichiens, suisses ou belges, restent complètement muets sur ces engagements dont il nous a été impossible, malgré toutes nos investigations, de découvrir aucune trace.

C'était cependant le strict devoir du chef d'état-major de l'armée des Vosges de rendre à ses lieutenants la justice à laquelle ils ont droit en rendant compte de leurs faits d'armes ; et le récit de ces engagements eût eu, pour l'historien comme pour le lecteur, un tout autre intérêt que celui des interminables récriminations contre tout le monde dont le livre du général Bordone est bourré.

Toutefois, il est aujourd'hui parfaitement établi que le général de Zastrow ne fut ni inquiété, ni retardé en rien dans la mission que Moltke lui avait donnée de rétablir les communications par voie ferrée de l'Allemagne avec les armées de Frédéric-Charles et du prince royal.

« *On était en mesure*, dit le major Blume, *de commencer l'exploitation sur la ligne Blesme-Chaumont-Châtillon, dès le 2 décembre ; sur la section Chaumont-Troyes, le 7, et sur le prolongement de la première de ces lignes, de Châtillon à Nuits, le 25 du même mois.* »

Zastrow ne quitta ses positions de l'Yonne et de la Côte-d'Or que pour marcher sous les ordres de Manteuffel contre l'armée de Bourbaki. Si, comme il s'en vante dans son ouvrage, le général Bordone avait réussi à forcer par ses habiles manœuvres Zastrow à abandonner ce terrain, il aurait commis la plus monstrueuse des fautes stratégiques ; car le rôle tout tracé par la position même de l'armée des Vosges, était au contraire de retenir Zastrow dans ses positions, de lui barrer la route pour l'empêcher de se jeter sur les flancs de Bourbaki, et cela au prix des plus grands sacrifices, au prix même de son anéantissement. Il y allait du salut de la France.

Mais l'influence que le général Bordone s'attribue sur les mouvements de Zastrow est encore une de ses illusions ; il ne détermina pas plus cette manœuvre qu'il ne sut s'y opposer.

Après la bataille de Nuits, Menotti porta quelques détachements dans la vallée de l'Ouche et à Sombernon. Les lieutenants-colonels Eudeline, Ordinaire, Braun, Lhoste eurent, depuis le 21 décembre, des engagements journaliers jusqu'aux portes de Dijon avec les reconnaissances et les avants-postes de Werder, en même temps que les commandants Kauffmann et Breguet, à la tête d'un détachement qui renfermait une compagnie du génie auxiliaire, faisaient sauter le pont de Buffon-sur-l'Armançon (à quelques kilomètres au nord-ouest de Montbard) et coupaient ainsi aux Allemands toute communication par voie ferrée avec Dijon.

Les conséquences fâcheuses de la concentration et de l'immobilité de l'armée des Vosges à Autun n'avaient pas échappé à l'esprit positif et perspicace de M. de Freycinet. Le délégué à la guerre comprenait très-bien que ce n'était pas à une pareille distance de Werder et au moyen de cette défensive passive, que Garibaldi pouvait servir de rideau au mouvement de l'armée de l'Est et retenir Werder le plus longtemps possible à Dijon par de vigoureuses démonstrations.

Si les instructions du Ministre de la guerre eussent été exécutées, Werder, qui tâtonnait et hésitait beaucoup sur le parti à prendre, comme nous l'apprend Blume, à cause des renseignements contradictoires qui lui arrivaient, eût été peut-être trompé, à coup sûr gêné et suffisamment retardé dans sa marche sur Belfort pour que le général Bourbaki, le gagnant de vitesse, lui barrât la route du côté de Vesoul et, l'empêchant ainsi d'opérer sa jonction avec Treskow, fît lever sans coup férir le siége de Belfort. Bourbaki, après avoir anéanti Werder, eût bientôt fait subir le même sort à Treskow, et, avec des troupes enflammées par le succès, n'eût pas eu de peine à battre Manteuffel, pendant que sa cavalerie, renouvelant les raids à l'américaine, eût, en quelques jours, coupé les ponts et les tunnels de l'Alsace-Lorraine.

Il est inutile d'insister sur les graves conséquences de l'obstination de Garibaldi à se blottir dans Autun ; les quelques considérations que nous venons de donner montrent l'immense responsabilité qui pèse sur lui dans le désastre de la campagne de l'Est.

L'ouvrage de M. Bordone fait connaître la peine qu'eut M. de Freycinet à tirer Garibaldi d'Autun pour l'amener à Dijon, où le système de défensive directe et expectante qu'il suivit dans cette position allait avoir des conséquences bien autrement graves encore qu'à Autun. Voici l'importante dépêche de M. de Freycinet à laquelle nous avons fait allusion. Nous l'extrayons de l'ouvrage du général Bordone lui-même :

« *Bordeaux*, 21 *décembre.*

« *J'envoie près de vous* M. *de Serres, pour examiner les questions pendantes et me pro-*
« *poser des solutions ; mais, en attendant,* IL SERAIT TRÈS-UTILE QUE VOUS NE RESTIEZ PAS EN-
« FERMÉ DANS AUTUN ; *vous pourriez nous rendre de grands services, en ce moment, en faisant*
« *des démonstrations dans différentes directions, de manière à inquiéter l'ennemi et à* LE
« RETENIR DANS LE TERRITOIRE ENVIRONNANT. *Je crois que* VOUS FERIEZ BIEN DE TRANSPORTER VOTRE
« QUARTIER-GÉNÉRAL A BLIGNY ; *vous examineriez ensuite avec* M. *de Serres, si vous ne devez*
« *pas avancer davantage vers le Nord, et j'aurais toujours compris, que, quant à moi,* VOTRE
« MISSION ÉTAIT D'OCCUPER DIJON. »

Il est difficile de définir d'une façon plus claire, plus précise, plus juste, le but de la mission confiée à Garibaldi, et de mieux lui désigner les points qu'il était urgent d'occuper.

Nous arrêterons ici le récit des opérations de Garibaldi. Celles qui suivent sont trop intimement liées aux manœuvres de l'armée de l'Est ; elles ont eu une influence trop directe sur le sort de cette brave armée pour en être détachées.

Tous les écrivains étrangers ont porté des jugements très-sévères sur la conduite de Garibaldi dans la campagne de 1870-71.

Son inaction prolongée à Autun, la facilité avec laquelle il se laissa plus tard amuser et retenir sous Dijon par une brigade prussienne, ce sont là des fautes qu'il serait puéril de nier.

Tous ceux qui ont étudié les différentes expéditions de Garibaldi, soit dans le Nouveau-Monde, soit celles de 1859 et 1860 en Italie ne reviennent pas de leur étonnement qu'à la fin de sa carrière, le célèbre Condottiere ait abandonné ce système de marches hardies, aventureuses, secrètes, qui lui avaient si merveilleusement réussi jusqu'alors, pour se confiner dans la défensive passive la plus absolue.

Cette apparente contradiction s'explique aisément, si l'on veut bien considérer l'état de santé déplorable de Garibaldi, qui lui rendait désormais impossibles pour lui-même ces hardis coups de main exécutés à l'improviste à la suite de longues marches de nuit, dans des pays montagneux, qui jadis l'avaient rendu célèbre.

« *Mens sana in corpore sano* » disaient les anciens. Maxime qui sera éternellement vraie pour les hommes de guerre. En campagne on ne peut attendre, pour prendre une résolution, que l'heure de la souffrance soit passée ; il faut être prêt, et à toute heure du jour et de la nuit, et telles sont les fatigues inhérentes à la position qu'il est indispensable pour un chef d'armée que ses forces physiques ne trahissent jamais son énergie morale.

Quand surtout les troupes sont improvisées, quand les corps sont formés, comme ceux de Garibaldi, des éléments les plus hétérogènes, sans autre cohésion que celle qui vient du prestige du commandant en chef, cette activité de corps est plus nécessaire encore ; car c'est au chef à tout animer de sa présence, à tout contrôler par lui-même. Nulle part, *l'œil du maître* ne fut plus utile pour préparer la victoire, quelquefois pour éviter les désastres.

Et, comme nous l'enseigne si bien notre service en campagne, il n'est pas de guerre qui exige plus d'activité, plus de forces physiques que celle de partisans.

Or Garibaldi, physiquement, était complétement usé; ses facultés morales, intellectuelles, se ressentaient forcément de ses douleurs ; car personne, en ce monde, ne saurait échapper aux lois éternelles de la nature. L'heure du repos sonne plus ou moins tôt, suivant les constitutions ; mais une fois ce mal nécessaire arrivé, c'est folie de s'y soustraire ; c'est mal comprendre ses intérêts personnels ; c'est nuire aussi aux intérêts de son pays que d'accepter des fonctions qu'une mauvaise santé ne permet plus de remplir. Il arrive donc pour tous un moment où le devoir commande de se retirer des affaires publiques.

Déjà, en 1866, on avait vu Garibaldi, en face des Autrichiens, rester dans une inexplicable inaction. En 1867, hésitant, indécis, il laisse, par sa lenteur, les Français le prévenir à Rome, quand il lui eût été si facile d'écraser les troupes pontificales et d'entrer à Rome avant l'arrivée de nos troupes.

Le véritable commandant de l'armée des Vosges fut véritablement le colonel Bordone, chef d'état-major. Du reste, dans son livre, le général Bordone présente les plans comme siens ; c'est donc lui qui doit porter la responsabilité de tous les actes, plutôt que Garibaldi lui-même qui n'était, à vrai dire, dans cette campagne, qu'un prête-nom. On lit par exemple dans ce livre — et non sans étonnement — « que l'on cachait le plus « souvent à Garibaldi tout ce qui pouvait le contrarier, » comme si l'on devait rien laisser ignorer au général en chef.

Quand Bordone n'était pas là, tout s'arrêtait complétement ou plutôt, au lieu de faire la guerre à l'ennemi, on ne pensait qu'à se supplanter réciproquement dans des fonctions mal définies et dans la confiance du chef. Aussi ne s'explique-t-on pas que le général Bordone, bien placé pour connaître cette situation, se soit absenté de son poste. C'est toujours le devoir d'un chef d'état-major de rester sur le théâtre de la guerre ; à plus forte raison, quand il est le véritable chef de l'armée. S'il a des communications importantes, très-urgentes à adresser au Ministre, n'a-t-il pas à sa disposition un nombreux personnel ? Le lieutenant-colonel Ganckler, camarade de promotion et ami de M. de Freycinet, n'était-il pas tout naturellement désigné pour les missions importantes et délicates auprès du Ministre ? Et quels moments choisit, pour s'absenter, le général Bordone ? Ceux où sa présence à la tête des troupes était le plus nécessaire. L'époque de la bataille de Nuits et celle où l'armée de Manteuffel s'avançait contre Bourbaki !

Garibaldi avait bien le sentiment de son affaiblissement physique et moral quand, au début de la guerre, à Bordone qui venait le chercher à Caprera, il répondait : « Vous le « voyez, ce que vos amis appellent une vaillante épée n'est plus qu'un bâton. » Il se sentait bien usé par la souffrance. La lettre qu'il a publiée, au grand étonnement de l'Europe, en octobre 1873, dans laquelle il déclarait que pour lui, après Wœrth, il avait jugé la partie perdue pour la France, semble prouver qu'il n'a jamais eu dans cette campagne la qualité indispensable à tout chef d'armée : la foi dans le succès final. Cette opinion sur l'inanité de ses propres efforts expliquerait alors son immobilité à Autun et à Dijon.

Garibaldi aurait dû se souvenir de ce mot de Louis XIV au maréchal de Villeroi et se l'appliquer à lui-même : « La fortune ne sourit pas aux vieillards. »

Mot profond, sous une forme légère, et dont les grands penseurs militaires nous donnent l'explication.

« Turenne, disait Napoléon, est le seul général dont l'audace est allé croissant avec l'âge « et l'expérience. »

Parlant, à Sainte-Hélène, de l'indécision et de la mollesse dont ses illustres maréchaux avaient fait preuve dans les dernières campagnes, Napoléon regrettait amèrement de ne pas les avoir remplacés par ses jeunes généraux.

Le général de Ségur, dans sa *Campagne de* 1812, appuie sur l'influence de la santé sur le moral et attribue à la rare vigueur de la constitution de Ney, à sa force athlétique, l'héroïsme dont il ne se départit jamais et qui lui valut le surnom glorieux de *brave des braves.*

Personne ne se révolta plus que le maréchal Bugeaud contre les obstacles que les bureaux de la guerre opposaient à l'avancement de ses plus brillants élèves, La Moricière, Charras, Cavaignac, Bedeau, Bosquet......

« *Dans l'intérêt de l'avenir national,* écrivait-il au Ministre, *quand on rencontre des*
« *hommes de capacité et de vertus militaires hors ligne, il ne faut pas les tenir dans l'ornière*
« *commune, en les laissant vieillir dens les grades inférieurs et priver le pays des grands*
« *services qu'ils pourraient lui rendre dans une position plus élevée. Trop d'hommes incapables*
« *arrivent au sommet en vieillissant; leur nombre dans le cadre de l'état-major est effrayant*
« *pour l'avenir de la patrie. Ils peuvent nous ramener plusieurs journées de Waterloo.* »

La Moricière exprimait souvent la même pensée. Les rapports qu'il avait eus avec le maréchal Clausel lui avaient démontré combien les généraux les plus illustres diminuaient de talent en vieillissant. Dans son style à la fois si énergique et si pittoresque, cette noble intelligence insistait sur les dangers de mettre des vieillards à la tête des armées (1).

Deux plans de campagne s'offraient à Garibaldi pendant tout le mois de décembre. Il pouvait faire une guerre de Guérillas, passer par petits corps à travers les lignes si étendues des Prussiens et transporter le théâtre de la guerre en Alsace-Lorraine. C'était le plan le plus conforme aux aptitudes de Garibaldi et que semblait lui dicter la composition de son armée où se rencontraient tant de chefs intrépides, pleins d'initiative et avides de ces coups de main audacieux, si bien dans le caractère de notre nation.

Le deuxième plan consistait à manœuvrer, en avant d'Autun, en se concentrant tantôt autour de Dijon, tantôt vers Châtillon, Montbard, de manière à laisser constamment l'ennemi dans le doute sur ses véritables intentions, à le lasser et surtout à l'obliger à disséminer ses forces. On aurait alors profité d'une des fautes qu'il devait immanquablement commettre pour l'attaquer à Dijon, pour battre en détail ses différents détachements. Cremer aurait concouru à ce plan, en manœuvrant d'après les mêmes principes à l'Est de Dijon, menaçant tantôt Gray, tantôt Mirebeau, et un jour donné, la concentration des deux corps ainsi entraînés et aguerris sous Dijon, nous assurait la victoire. Une fois, par la prise de cette ville, le centre de Werder percé, on pouvait se rabattre soit sur Langres, soit sur Belfort à marches forcées, où, avec l'aide du général de Rolland, on aurait forcé Treskow à lever le siége.

On voit, par ces rapides considérations, le parti qu'on aurait pu tirer de la Bourgogne si le commandement eût été réuni dans les mains d'un *seul* chef, entreprenant, énergique et résolu à vaincre à tout prix. Malheureusement la présence de Garibaldi ne permettait pas de donner cette unité d'impulsion indispensable aux opérations. On ne saurait trop regretter que le gouvernement ait eu la main forcée par les événements, par l'opinion publique et par l'impatience de Bordone, et qu'il n'ait pu donner à Garibaldi un commandement complètement isolé et éloigné du contact des troupes régulières.

On a beaucoup blâmé, depuis la guerre, l'acceptation des services de Garibaldi; on oublie que le gouvernement de la Défense nationale s'était tracé pour programme

(1) *Vie de la Moricière,* par M. Keller, député. — Chez Dumaine, 2 volumes.

d'accepter tous les dévouements, sans distinction de partis, et qu'en refusant les offres de Garibaldi il se serait attiré la haine et les attaques violentes du parti avancé.

Nous nous étions promis de ne plus revenir sur les inconvénients du système de défensive directe, expectante ; nous croyions avoir démontré que cette méthode de guerre était déplorable à tous les points de vue.

Les discussions que vient de soulever la question des fortifications de Paris nous prouve combien cette erreur est encore profondément enracinée chez bien des officiers. Cette question, toute d'actualité, a donc une importance capitale, puisqu'il s'agit de l'avenir même de la France. Aussi considérons-nous comme un devoir de nous y arrêter, quand il en est temps encore.

Nous ne pouvons avoir la pensée d'entrer dans les détails de l'application, nous serions entraînés trop loin ; nous nous bornerons à étudier la question de principe, laissant à nos lecteurs le soin, facile du reste, d'en déduire les conséquences.

La règle que nous ont tracée tous les grands maîtres, depuis Turenne jusqu'à Napoléon, en passant par Guibert et Carnot, c'est qu'on ne défend pas un point important, une ligne, une contrée *tactiquement*, mais *stratégiquement*. Ce n'est qu'à la dernière extrémité qu'il faut se jeter dans le réduit et encore avec le moins de force possible.

Écoutons d'abord le grand théoricien Guibert, et méditons ses profonds enseignements :

« *C'est par les marches qu'une armée agit, se transportant d'une position à une autre, en-*
« *vahit ou couvre de grandes étendues de pays ; c'est par les marches qu'elle surprend l'en-*
« *nemi, qu'elle le prévient dans un point intéressant : ce sont les marches qui le conduisent à*
« *la formation de tous les ordres de bataille et de toutes les dispositions offensives.*

« *A mesure que la science de la guerre se perfectionne, en proportion de ce que les armées*
« *sont commandées par des généraux plus habiles, les marches deviennent plus importantes à*
« *bien combiner et à bien exécuter, plus fréquentes, plus décisives. Elles deviennent plus dé-*
« *cisives, en ce qu'elles ont toujours un objet prochain ou éloigné, comme de faire une di-*
« *version et de porter la guerre sur un point inattendu ou de conduire à une action offensive,*
« *ou d'engager l'ennemi à un contre-mouvement qui le mette en prise, soit en tout, soit en*
« *partie. Elles deviennent plus fréquentes, en ce que l'homme de génie peut rarement rester*
« *dans l'inaction ; son esprit aperçoit plus d'objets, embrasse plus de combinaisons ; et là,*
« *par conséquent,* OU LE GÉNÉRAL MÉDIOCRE NE VOIT QUE SA POSITION A GARDER, OU L'IMPOSSIBILITÉ
« D'AGIR, *il se présente à l'imagination de ce premier un mouvement avantageux qu'il exécute.*

. . . .

« *Ce ne fut que dans les guerres puniques que les Romains commencèrent à faire la guerre*
« *avec plus de méthode et de combinaison. Amilcar, le père du fameux Annibal, fut particu-*
« *lièrement celui qui imagina le premier de mettre un certain ordre dans les marches, de di-*
« *viser son armée, de la mouvoir sur plusieurs colonnes, afin que la marche fût plus prompte*
« *et que l'ordre de bataille fût plus rapidement formé. Annibal ajouta à ce qu'avait imaginé*
« *son père, et ce furent ces ennemis redoutables qui, à force de vaincre les Romains, leur ap-*
« *prirent la science des marches ; comme Pyrrhus, en les battant, leur enseigna à camper,*
« *à se retrancher, à perfectionner leur ordonnance. Pourquoi appela-t-on si justement* FABIUS
« LE BOUCLIER DES ROMAINS ? *Ce fut à cause de cette campagne de marches et de mouvements*
« *qu'il fit vis-à-vis d'Annibal, genre de guerre qui leur parut si nouveau que, quoiqu'il sauvât*
« *la patrie, ils blâmaient cette défensive dont ils ne connaissaient pas la sublimité.*

« *Rapprochons-nous de nos siècles ; nous y verrons de même que les généraux ont toujours*
« *fait plus d'usage de la guerre de marches et de mouvements, en raison de ce qu'ils ont été*
« *plus habiles et qu'ils ont eu devant eux des ennemis plus éclairés. Jusqu'à l'époque de Gus-*

« tave ou de Nassau, qui furent les restaurateurs de l'art militaire en Europe, il n'y avait
« dans les armées ni marches combinées, ni mouvements.

. . . .

    « Ce qu'il faut remarquer et méditer dans la conduite de Gustave et des grands généraux
« de son siècle, c'est la conduite de leurs campagnes, la hardiesse de leurs expéditions, le
« parti qu'ils savaient tirer de leurs petites armées, la grandeur de leurs projets, la rapidité
« avec laquelle ils portaient la guerre d'une province à l'autre ; c'est ce nouveau genre de
« guerre, plus en mouvements et en science qu'en combats, dont ils furent les créateurs.
    « Gustave, et après lui ses généraux, se soutenant en Allemagne avec une poignée de Sué-
« dois, rappellent Annibal au milieu de l'Italie.
    « Voyons Turenne, voyons Montemeulli, les deux derniers gands hommes qui commandè-
« rent et préférèrent commander de petites armées. Quel fut leur genre de guerre ? Celui
« dont je viens de parler.

. . . .

    « Après la mort de M. de Turenne, des généraux médiocres se trouvèrent chargés de plus
« grandes masses, et alors le genre de guerre changea ; ne pouvant et ne sachant pas les
« remuer ; étant la plupart du temps embarrassés de les nourrir, ils firent moins de mar-
« ches, ils renoncèrent à la guerre de mouvements ; ILS INTRODUISIRENT CELLE DE POSITION. Se
« trouvèrent-ils inférieurs ? ILS S'ENFERMÈRENT DANS DES LIGNES, DANS DES CAMPS RETRANCHÉS ;
« IL NE SE FIT PLUS RIEN DE HARDI, RIEN DE DÉCISIF : ON NE FIT PLUS CE QUE J'APPELLE LA GRANDE
« GUERRE.
    « Au milieu de cette quantité de généraux qui ont commandé les armées françaises depuis
« cette époque, s'il en a paru quelques-uns de plus heureux, C'EST PARCE QU'ILS SE SONT RAP-
« PROCHÉS DES ANCIENS PRINCIPES. Ce fut par des marches hardies et rapides que Vendôme
« conserva la couronne d'Espagne à Philippe V. Ce fut une marche offensive qui sauva la
« France à Denain ; ce fut par une campagne de marches et de mouvements que Créqui s'im-
« mortalisa sur la Sarre et sur la Moselle. Mais pour parler du général de Louis XIV qui,
« commandant de grandes armées, sut le mieux les ramener, le maréchal de Luxembourg, il
« faut voir dans ses campagnes, il faut lire dans ses dépêches, combien il croyait ses mar-
« ches importantes, combien il leur a dû de succès. Le maréchal de Saxe disait souvent qu'il
« y avait une révolution à faire dans la tactique : en 1750, il écrivait à M. d'Argenson que
« toutes les troupes de l'Europe, aux Prussiens près, étaient mal constituées et incapables
« de grandes manœuvres. Il le répète dans ses RÊVERIES ; on y voit combien il est indigné de
« la lenteur de nos marches, de notre ignorance, de notre maladresse à prendre un ordre de
« bataille. C'est à ce sujet qu'il dit : « TOUT LE SECRET DE L'EXERCICE, TOUT CELUI DE LA
« GUERRE EST DANS LES JAMBES.

. . . .

    « Les vérités qu'on entrevoyait ailleurs, sans faire de pas décisifs vers elle, le roi de Prusse
« (Frédéric II) les avait vues, à son arrivée au trône, et il avait en conséquence profité de
« la paix pour instruire ses troupes ; elles étaient les mieux ordonnées et les plus manœu-
« vrières de l'Europe ; elles avaient une tactique particulière de marches et de déploiements.
« Dans son armée seule étaient des officiers généraux qui sussent conduire une colonne, ma-
« nier des troupes et concourir à l'exécution d'un ordre de bataille : on en a vu le résultat.
« Par son armée seule, ont été faits de grands et hardis mouvements.

. . . .

    « C'est sous les généraux médiocres, c'est dans les temps où toutes les troupes de l'Europe
« n'avaient ni tactique, ni discipline, que s'introduisit l'usage des lignes ; absurdité qui rap-

« *pelle cette fameuse et inutile muraille que l'ignorance chinoise a bâtie à six mille lieues de*
« *nous.* »

Puis, après avoir parlé des progrès accomplis dans la fortification de campagne,
Guibert ajoute :

« *Mais il reste à se bien persuader que la défensive sublime consiste, non à aller cherchant*
« *toujours des positions et recevant les combats, mais à faire craindre sans cesse l'offensive*
« *à l'ennemi, et pour cela à manœuvrer, à le forcer d'en faire de même et à épier le moment*
« *où quelques fautes le divisent, le retardent, le mettent en prise, pour ensuite agir offensive-*
« *ment sur lui.*

« *Cette défensive, fondée sur des positions retranchées, est enfin contraire à toutes les*
« *grandes vues de la guerre ; elle n'a, du moins, jamais été la manière des grands hommes.*
« *On n'a qu'à récapituler les batailles qu'ils ont données ; ils ont presque toujours attaqué, et*
« *s'ils ont reçu des combats, ce n'a presque jamais été derrière des retranchements.* »

Est-ce par la défensive directe, expectante dans une ville ou un camp fortifié, que
Carnot organise la victoire :

« *Gardez-vous, mon cher général, écrit-il à Jourdan (1), de prendre une attitude défen-*
« *sive : le courage de vos troupes s'affaiblirait et l'audace de l'ennemi deviendrait extrême.*
« *Il faut, je vous le répète, livrer une grande bataille, la livrer sur la rive droite du Rhin, la*
« *livrer le plus près possible de Dusseldorf, la livrer au moment où l'ennemi commencera à*
« *tourner pour faire face à Moreau, la livrer enfin avec toutes vos forces, avec votre impé-*
« *tuosité ordinaire, et poursuivre sans relâche l'ennemi, jusqu'à ce qu'il soit entièrement*
« *dispersé.*

« *Ce fut Carnot*, observe M. Louis Blanc (2) qui, *systématisant les procédés de Frédé-*
« *ric II, créa la science dont la République d'abord, et Napoléon ensuite, tirèrent tant de*
« *merveilleux résultats ; prendre soin de ne pas se découvrir ; sacrifier, à la crainte de lais-*
« *ser une place derrière soi, le bénéfice d'une marche hardie et l'occasion de frapper un coup*
« *décisif : voilà en quoi la tactique avait longtemps consisté ; c'était celle des alliés. Carnot*
« *persuada sans peine au Comité de salut public, et le Comité de salut public à la France,*
« *que l'art de la guerre était l'art de former une masse compacte, de lui imprimer des mou-*
« *vements rapides et de diviser les forces ennemies, de manière à attaquer les corps isolés*
« *l'un après l'autre, sûr moyen de les écraser ; le problème des batailles à gagner se pouvant*
« *poser en ces termes : avoir toujours à opposer, sur un point quelconque, à un nombre*
« *donné d'hommes, un nombre d'hommes beaucoup plus considérable.* »

Par la défensive expectante, on se prive volontairement des bénéfices de l'initiative ;
on laisse l'ennemi accomplir tous ses desseins, attendant tranquillement qu'il lui plaise
de concentrer toutes ses forces pour vous accabler. On oublie donc de quel effet moral
est à la guerre l'initiative ; c'est elle qui bouleverse tous les calculs de l'adversaire
pour l'obliger à vous suivre sur le terrain qui vous est favorable, pour l'amener à
accepter la lutte dans les conditions que vous avez choisies, étudiées d'avance.

Les conséquences qu'entraîne forcément cette initiative sont si importantes qu'en
parlant de Turenne, qui avait forcé Montemeulli, par son initiative, à le suivre sur un

---

(1) *Mémoires historiques et militaires sur Carnot.*— Paris, 1824.
(2) *Histoire de la Révolution française,* par M. Louis Blanc, tome IX.

nouveau théâtre, Napoléon ne craint pas de dire : « *Cette première victoire de la cam-*
« *pagne fut réelle.* »

La campagne de Turenne en 1653 est une démonstration mémorable de ces principes.
Turenne commandait une armée de seize mille hommes. Condé, son adversaire, à la
tête de trente mille Espagnols, venait d'envahir la Picardie, menaçant Paris où régnait
une grande consternation.

Trois partis furent proposés :

1° — Certains généraux voulaient jeter cinq mille hommes dans les places qui se
trouvaient sur les lignes d'opération de Condé et harceler l'ennemi avec le reste des
troupes, par une guerre de partisans.

2° — D'autres (les partisans de la défensive directe) voulaient qu'on se portât derrière
l'Oise, et, lorsque le passage serait forcé, qu'on se repliât sur Paris, où l'on recevrait les
secours qui auraient le temps d'arriver de la province.

Turenne rejeta ces deux plans. Il fit comprendre que le premier était illusoire, qu'il
retarderait peut-être la marche de l'ennemi, mais ne l'arrêterait pas.

Le deuxième projet n'était pas plus efficace. Il était impossible en effet d'empêcher le
passage d'une rivière telle que l'Oise, et cependant on savait que quand le passage serait
effectué, l'ennemi et les Parisiens en exagéreraient l'importance et qu'il exercerait sur
le moral de l'armée une influence des plus funestes.

3° — Le plan qu'adopta Turenne fut digne de son génie. Avec une audace admirable,
il marcha constamment sur une ligne parallèle à celle de l'ennemi, à une distance de
19 à 22 kilomètres. De cette façon, les soldats n'avaient aucune raison de se croire inférieurs à l'ennemi et le temps amènerait des renforts qui lui permettraient de reprendre
l'offensive. Tout le monde sait que ce plan aboutit à la défaite de Condé.

C'est cette grande leçon que le général Trochu aurait dû mettre à profit, après Sedan.
S'il avait jeté les cent mille hommes de troupes à peu près formées qu'il renferma dans
Paris, soit sur la Loire, soit dans les places fortes du Nord ; et ne gardant que la garde
nationale et les marins comme artilleurs, s'il se fût borné à la défense passive de Paris,
la bataille de Coulommiers se fût livrée un mois plus tôt ; les places de Metz et de Paris
eussent été débloquées, et, sans jactance aucune, nous croyons que la fortune aurait
changé de côté.

Tant il est vrai, comme nous l'enseigne Napoléon, qu'on ne saurait assez lire et relire,
profondément méditer les campagnes des grands hommes, en pénétrer les motifs, pour
en faire plus tard l'application ; car, il n'est pas de problème dont l'histoire ne nous
donne la solution.

Si la campagne de Turenne nous démontre les avantages de l'offensive, de l'initiative
des mouvements ; d'un autre côté, les passages des lignes de la Méhaigne en 1705, de
celles de Bouchain en 1711, par Marlborough, nous enseignent que les ouvrages fortifiés
n'arrêtent jamais les hommes de guerre, car ceux-ci trouvent toujours le moyen de les
tourner et de les annihiler. Nous rencontrons donc dans ces faits l'éclatante condamnation du système de défensive directe.

Nous ne nous arrêterons pas sur le passage des lignes de la Méhaigne, car Marlborough
avait en face de lui l'inepte Villeroy ; on pourrait donc rejeter sur l'incapacité du général
ce qui est surtout dû à un vicieux système.

L'exemple du passage des lignes de Bouchain a une tout autre valeur ; là, Marlborough
avait un adversaire digne de lui, le célèbre Villars, ce général si calomnié par Saint-
Simon, et cependant si grand par l'élévation du caractère et par son inébranlable attachement à ses devoirs. Nous ne pouvons oublier les lettres qui débordent de patriotisme

dans lesquelles ce grand citoyen, malgré l'ordre formel de Louis XIV de livrer bataille, se refuse à perdre sur un coup de dé les dernières chances de la France. Quelle haute et admirable idée se fait le maréchal de sa responsabilité! Et cela dans un siècle d'absolutisme. Voilà cependant l'homme que Saint-Simon ne craint pas de nous représenter comme un servile courtisan. Plût à Dieu que Napoléon III eût trouvé parmi ses généraux beaucoup de courtisans de cette trempe!

Eh bien! malgré toutes les brillantes et solides qualités, malgré la vigilance et l'activité de Villars, malgré le talent et les ressources qu'il déploya, dès qu'il eut pénétré le plan de son adversaire, Marlborough n'en réussit pas moins dans son entreprise et vint mettre le siége devant Bouchain.

Comme tous les grands esprits, Villars profita de la leçon, car à Denain, avec une armée démoralisée et inférieure en nombre, il sut à son tour forcer les lignes d'Eugène. Là encore les deux adversaires sont deux grands généraux dignes l'un de l'autre ; preuve nouvelle de l'impuissance du système de défensive directe à sauver les armées.

La sublime campagne de 1814 elle-même, mise en avant pour obtenir les fortifications de Paris, nous montre au contraire comment Napoléon entendait la défense de la capitale. Ses opérations sont la plus éclatante démonstration de notre thèse, qu'un pays, qu'une ville se défend non *directement*, non *tactiquement*, mais *stratégiquement*.

Pour nous, comme pour tous ceux qui étudieront sérieusement l'histoire militaire, il n'est pas d'erreur plus funeste à un peuple, à un chef d'armée, que de mettre son salut dans de grands ouvrages de fortification. Une fois la guerre entamée, c'est par la stratégie seule qu'on se sauve.

Pendant son séjour à Bordeaux, le colonel Bordone avait proposé au ministère de la guerre le plan suivant :

« *Je venais*, dit-il, *de faire à M. de Serres l'exposé et le dénombrement de nos forces,*
« *quand il me demanda quelle était la direction qu'on devait donner aux opérations dans*
« *l'Est ; je lui exposai le plan que le général (Garibaldi) et moi nous avions discuté et mûri*
« *depuis bien longtemps, et il fut arrêté avec lui qu'on allait renforcer notre armée par de*
« *nouveaux régiments de marche, nous donner de l'artillerie, et mettre le général Cremer et*
« *toutes ses troupes sous nos ordres, et qu'avec cette force, qui ne se serait pas élevée avec*
« *moins de quarante mille hommes, nous devions, tout en continuant à garder Autun comme*
« *centre de nos approvisionnements et de nos magasins, et comme dépôt de nos forces, pous-*
« *ser en avant, dans la direction du plateau et de la ville de Langres, puis en dernier lieu,*
« *d'Epinal, un rideau de troupes destiné à masquer les mouvements qu'une autre armée,*
« *solidement organisée, ayant dans sa composition les troupes les mieux aguerries, des régi-*
« *ments de cavalerie de ligne et de cavalerie indigène d'Afrique et une formidable artillerie,*
« *devait faire sur trois lignes parallèles dans la direction de Belfort, Vesoul et Lure, afin de*
« *débloquer la ville de Belfort par le seul fait de sa marche, réoccuper les Vosges et définiti-*
« *vement couper à l'armée de Paris ses communications avec l'Est.*

« *L'entrée dans le duché de Bade était la conséquence naturelle de ce mouvement bien*
« *exécuté, et que nous avions depuis longtemps désigné comme la seule chose à faire dans la*
« *situation.* »

Nous ne nous expliquons pas qu'après les événements qui se sont accomplis dans l'Est le général Bordone ait conservé la moindre illusion sur l'efficacité de son plan.

Nous n'aurons pas de peine à démontrer qu'il était complètement inexécutable.

Le vice fondamental de ce projet, et qui seul suffirait à le faire condamner, c'est qu'il ne tient aucun compte des mouvements de l'ennemi que devait entraîner son exécution.

Le général Bordone s'imagine vraiment que Werder va se prêter à nos marches sans les contrecarrer, sans s'y opposer de toutes ses forces, quand la réussite de ce plan est pour les Allemands une question de vie ou de mort. Jamais, croyons-nous, aucun militaire ne se laissa autant aveugler par son exubérante imagination.

Blume nous ramène à la réalité des choses, en nous faisant connaître quelles eussent été dans ce cas les résolutions de Werder :

« *Des bruits circulaient encore une fois au sujet d'une tentative prochaine pour secourir* « *Belfort, reconquérir l'Alsace et envahir même le territoire allemand. Mais si ces opérations* « *devaient être entreprises sans le concours direct de Bourbaki, Werder, dans les positions* « *qu'il occupait et avec les forces dont il disposait, était parfaitement en mesure d'y faire* « *face.* »

Certes, le savant stratégiste qui eut l'audace d'attaquer Bourbaki à Villersexel a montré qu'il n'était pas homme à reculer devant Garibaldi. La première chose qu'aurait eu à faire le général italien était donc de livrer bataille et de rejeter Werder soit au Nord, soit à l'Est.

Nous admettons la victoire de Garibaldi et comme conséquence sa marche sur Langres. mais si Werder est rejeté vers l'Est, il reviendra occuper Dijon et coupera aussitôt les communications de Garibaldi. Voilà donc une armée de quarante mille hommes complètement en l'air, menacée sur ses deux flancs (à droite par Werder, à gauche par Zastrow) et sur ses derrières, ayant sa ligne d'opération coupée. Si Werder opère sa retraite dans le Nord pour disputer pied à pied le terrain à Garibaldi, jusqu'au moment où les renforts appelés en toute hâte de l'Alsace-Lorraine lui permettront de reprendre l'offensive, c'est alors Zastrow qui s'avancera sur Dijon et viendra couper aux Français leurs communications.

En admettant, par suite de la simultanéité des mouvements de l'armée de l'Est et de celle de Garibaldi, que Werder, comme il l'a fait plus tard, ait abandonné Dijon pour barrer le passage à la plus importante des deux armées, la marche de celle-ci sur trois colonnes (Vesoul, Lure, Belfort), loin d'amener sans combat, comme le prétend le général Bordone, le déblocus de Belfort, offrait au contraire à Werder une facile occasion de victoire, en lui permettant de battre successivement les trois colonnes.

Quand les événements ont donné un si éclatant démenti à ces conceptions fantaisistes, peut-on encore les soutenir? Si elles eussent été mises à exécution, elles amenaient en peu de jours la ruine désastreuse de toutes les forces françaises dans l'Est.

Du reste, ces plans n'ont jamais existé qu'à l'état de projets; jamais Garibaldi n'en esquissa un commencement d'exécution, même quand l'évacuation de Dijon lui en eut ouvert la voie, donné toutes les facilités, et l'ouvrage du général Bordone nous montre toutes les peines qu'eut M. de Freycinet à tirer Garibaldi d'Autun pour le transporter à Dijon.

Le général de Rolland, commandant la division militaire de Besançon, dans sa déposition devant la Commission d'enquête du 4 Septembre, rapporte que, vers la mi-décembre, il avait été question au ministère de former, sous le commandement suprême de Garibaldi, une expédition comprenant toutes les troupes de l'Est dans le but de débloquer Belfort. Nous citons la partie de la déposition du général ayant trait à ce projet :

« M. Rolland. — *Nous gardions toutes les positions quand, quelque temps après, je reçus* « *du ministère de la guerre une dépêche m'annonçant qu'on allait faire bientôt une grande* « *expédition dans l'Est.* . . . .

. . . .

« *Puis je reçus une autre dépêche du ministère de la guerre, dans laquelle on me deman-*
« *dait mon appréciation sur la manière dont serait reçue la nomination du général Garibaldi,*
« *qu'on voulait mettre à la tête de l'expédition de l'armée de l'Est.*

« M. Perrot. — *Au commencement de décembre ?*

« M. Rolland. — *Dans le courant de décembre ; la dépêche était à peu près conçue en ces*
« *termes :*

« *Avons intention de donner commandement de l'armée de l'Est au général Garibaldi.*
« *Prière de nous faire connaître votre appréciation et celle des officiers placés sous vos ordres.* »

. . . .

« M. Rolland. — *J'ai répondu qu'aucun officier, moi moins que tout autre, ne consenti-*
« *rions à servir sous les ordres de Garibaldi ; qu'on faisait trop de différence ici entre les*
« *bulletins mensongers de victoire qui se publiaient dans la Côte-d'Or et les faits qui s'y*
« *passaient réellement.*

« M. Perrot. — *Cette première communication, qui vous a été faite d'une expédition,*
« *n'était pas relative à l'expédition qui a eu lieu réellement ?*

« M. Rolland. — *Je vous demande pardon.*

« M. Perrot. — *Quand il a été question de donner le commandement au général Garibaldi,*
« *on ne parlait pas de la campagne de l'Est ?*

« M. Rolland. — *Non ; mais j'ai compris, à la lecture de cette dépêche, qu'on projetait*
« *une expédition dans l'Est et qu'on avait l'intention d'en donner le commandement à*
« *Garibaldi.*

« M. Perrot. — *L'expédition, qui a eu lieu réellement et que le général Bourbaki com-*
« *mandait, a été résolue le 20 décembre.* . . . .

. . . .

« *Il y a eu, en effet, des idées d'expéditions dans l'Est auparavant, mais dans lesquelles*
« *n'entraient pas les troupes qui étaient sur la Loire. On devait faire cette expédition avec*
« *les troupes que vous aviez à Besançon ou qu'on rassemblerait à Lyon, sous les ordres du*
« *général Bressolles, et on voulait y adjoindre Garibaldi.* »

L'énergique réponse du général Rolland à la demande du ministre peint bien les sentiments de la plupart des officiers de l'armée et leur profonde répulsion à servir sous
Garibaldi. On s'explique donc difficilement l'entêtement du général Bordone à réclamer
des officiers et des troupes de l'armée régulière, en présence de ces dispositions qui lui
étaient bien connues et qui montrent assez combien M. Gambetta avait raison de refuser
ces demandes.

Nous ne fatiguerons pas les lecteurs des interminables récriminations du général
Bordone, qui n'épargnent aucun des plus dévoués serviteurs de la démocratie, M. Gambetta, pas plus que MM. Gent et Challemel-Lacour. Aussi a-t-on été en droit de reprocher
au chef d'état-major de l'armée des Vosges de s'être beaucoup trop laissé absorber par
ces misères, et de s'être trop distrait de ses devoirs militaires. Il est certain que si tous
les généraux eussent, comme lui, accablé le Ministre de ces mille et un détails que le
général en chef doit seul résoudre, il n'eût pas été possible au gouvernement de donner
l'impulsion générale à toutes les armées ; la Délégation eût été noyée dans les détails.

Ce n'était pas seulement avec les personnes étrangères à son corps que Bordone avait
à lutter ; dans l'entourage même de Garibaldi régnaient le plus vif mécontentement, la
plus vive irritation contre le chef d'état-major, à ce point que le fils et le gendre de
Garibaldi, Menotti et Canzio, avaient offert leur démission au général en chef s'il ne
sacrifiait pas Bordone.

L'affaire Panni montre avec quelle légèreté le général Bordone attaquait le gouvernement. Sur la recommandation de Garibaldi, ce Panni avait été envoyé à Marseille, pour y faire des enrôlements, muni d'un crédit de 100,000 francs ouvert par le Ministre de la guerre.

A peine installé, Bordone voulut le faire destituer sous prétexte qu'il remplissait mal sa mission. Comme l'affaire éprouvait des difficultés, il s'en prend à M. Gent, préfet de Marseille, et à M. Gambetta, comme s'il n'était pas seul coupable de ce mauvais choix et si seul il ne devait pas être blâmé de la légèreté avec laquelle il avait proposé ce Panni au Ministre. Le général Bordone devait-il donner d'importantes fonctions à des gens dont on n'est pas sûr? Ce fait nous prouve aussi qu'il eût été bien préférable que Garibaldi organisât complètement ses troupes, comme le lui avait proposé M. Gambetta, avant de se mettre en campagne.

Des difficultés incessantes dont se plaint M. Bordone et du rôle de l'armée de Garibaldi en France nous devons tirer cette leçon : c'est qu'on ne doit jamais confier un commandement en chef à un étranger, quel qu'il soit, quand bien même il n'aurait contre lui les préventions, les haines d'aucun parti.

Dans notre *Essai sur l'Armée nouvelle*, nous avons exprimé le regret que l'illustre Lee n'ait pas été placé à la tête de nos armées. Sans doute cette noble figure du célèbre général sudiste, plus grand encore dans l'infortune qu'à la tête de ses troupes, inspirait à tous le respect et l'estime; sans doute ses éminentes qualités lui eussent bien vite conquis la confiance que son dévouement, son désintéressement lui avaient universellement gagné de l'autre côté de l'Atlantique.

Mais, quelle que soit notre profonde admiration pour ce caractère antique, nous ne nous en rallions pas moins à l'opinion du général Chareton et nous demandons que, pour éviter des dissensions profondément regrettables en face de l'ennemi, jamais un commandement en chef ne soit donné à un étranger.

Car, ne l'oublions pas, dans des moments aussi critiques, l'unité d'efforts n'importe pas moins que l'unité de commandement.

Avec plus de raison que l'Italie, car elle en a donné la preuve à maintes époques de son histoire, la France peut se confier uniquement à ses enfants et dire : « *Farada se.* »

CONCLUSION.

Nécessité à la fin d'octobre de transporter sur la Loire toutes les forces militaires disponibles de la France. — Faux raisonnements sur l'époque d'une diversion dans l'Est; variations d'effectifs dans les mois d'octobre, novembre et décembre 1870. — Avantages d'une diversion dans l'Est. — Opinion des Allemands sur ce point. — Discussion des deux plans de déblocus de Paris : l'un par l'armée de la Loire, le 2e par une diversion dans l'Est. Systèmes de guerre auxquels se rattachent les deux combinaisons. — Principes de Napoléon 1er. — Moment propice de cette expédition. — Plan de campagne à suivre. — Conséquences de l'exécution de ce plan au milieu de décembre.

Après avoir exposé les événements qui se sont déroulés dans l'Est, jusqu'au moment de la grande tentative de Bourbaki, nous croyons nécessaire, non plus de les examiner par les détails, mais d'en embrasser l'ensemble pour en tirer les conclusions générales qui en découlent.

Nous avons déjà exprimé notre opinion sur la campagne du général Cambriels dans les Vosges. Nous croyons que le brave général a su accomplir tout ce qui était humainement possible dans les difficiles circonstances où il se trouvait placé, alors que, sous l'impression encore poignante de la catastrophe de Sedan, les âmes étaient profondément abattues.

On a reproché au gouvernement de Tours de ne pas avoir laissé dans l'Est le corps du général Cambriels (passé successivement sous les ordres des généraux Michel et Crouzat.)

Nous croyons au contraire qu'il était utile à cette époque de porter sur la Loire toutes les forces militaires de la province disponibles.

. Si l'on voulait frapper un coup décisif dans les environs d'Orléans, ce n'était pas trop d'y concentrer toutes les troupes alors organisées. Car il ne faut pas oublier que les formations nouvelles créées par la Défense nationale furent nécessairement successives. Au commencement de novembre, on était très-loin de disposer des nombreux effectifs qui étaient en ligne à la fin de décembre. Nous appuyons d'autant plus sur ce point que c'est sur cette confusion du nombre d'hommes organisés aux différentes époques de la guerre que reposent presque toutes les critiques adressées aux combinaisons de la Délégation. Ainsi, nous lisons dans les *Maximes du maréchal Bugeaud, anotées par un officier général*, la remarque suivante :

« *Les généraux gambettistes* (sic) *auraient dû rassembler cinq cent mille hommes dans l'Est* « *et les jeter sur les lignes de communication des Prussiens.* »

Nous demandons à ce général à quel moment M. Gambetta aurait pu trouver ces cinq cent mille hommes? Cet officier a-t-il réfléchi à la difficulté d'approvisionner de vivres et de munitions, de faire manœuvrer une armée de cinq cent mille soldats improvisés ?

Il y avait pour le gouvernement une raison plus puissante encore de ne pas tenter à cette époque une diversion dans l'Est : c'est que la plus grande partie des forces de Frédéric-Charles laissées disponibles par la capitulation de Metz, aurait été transportée rapidement sur la Franche-Comté et la Bourgogne et aurait étouffé ce projet à son début, alors que nous n'étions pas encore en état de prendre l'offensive. Il importait au contraire d'obliger les Prussiens à dégarnir les provinces de l'Est, en les attirant sur la Loire, et de leur cacher son dessein jusqu'au jour où on le mettrait à exécution, en n'ayant dans ces départements que des forces insuffisantes.

Quant à l'idée, au plan d'une diversion dans l'Est, nous croyons encore aujourd'hui, après y avoir mûrement réfléchi, après avoir attentivement écouté les discussions des plus savants stratégistes de l'étranger, après avoir consulté nos meilleurs auteurs militaires, que c'était la manœuvre la plus décisive que l'on pût faire contre les Allemands.

Traitons d'abord la question de principes, c'est-à-dire examinons les conséquences que devait avoir ce plan pour les Allemands.

Pour se rendre compte de la portée de ce mouvement, il importe avant tout de connaître l'opinion des Allemands, mieux placés que nous pour apprécier l'état matériel et moral de leurs armées, les dispositions d'esprit de leurs états-majors. Nous nous mettons ainsi en garde contre nos propres illusions, auxquelles on n'est que trop porté quand on se trouve à la fois juge et partie dans un débat.

Voici à ce sujet quelques passages d'un ouvrage allemand (1) :

« *La description du terrain semble montrer à l'évidence qu'il ne pouvait entrer dans les*
« *vues des chefs français de transporter le théâtre de leurs opérations dans le Sud, après*
« *avoir pris tant de soin de se créer à Metz une position défensive formidable.* UNE TELLE
« RÉSOLUTION EUT AJOUTÉ DE GRAVES DIFFICULTÉS A NOTRE PLAN DE CAMPAGNE.

« *La supposition que l'armée française battrait en retraite dans cette direction était*
« *inadmissible; l'expérience l'a prouvé. Mais, sans nous arrêter au résultat,* IL EST CERTAIN
« QU'UNE RETRAITE VERS LE SUD OFFRAIT PLUS DE CHANCES DE SUCCÈS, *malgré toute la force de la*
« *position de Metz, que celle qui fut opérée dans la direction opposée.*

« *Mac-Mahon n'eût-il pas mieux fait de prendre ce parti? Le Midi lui offrait des éléments*
« *pour augmenter ses forces et des lignes de retraite illimitées. Bazaine, sans danger, pouvait*
« *tenir fort longtemps dans sa position et réussir peut-être à en sortir sans l'aide de Mac-*
« *Mahon. Paris était en situation de se défendre lui-même. Dans ce cas, l'armée de Châlons,*
« *considérablement renforcée — (pendant que la troisième armée se trouvait sous Paris) —*
« *prenant sa base d'opération dans le Sud, eût été en état de menacer sérieusement aussi bien*
« *les troupes qui cernaient la capitale que celles qui bloquaient Metz.* »

La consternation qui s'empara des armées prussiennes, aussi bien que de l'Allemagne tout entière, à l'annonce de la tentative de Bourbaki, est une preuve convaincante du danger qui menaçait à la fois les trois grandes armées allemandes combattant en France.

La plupart des généraux français (2) avaient recommandé au gouvernement cette manœuvre. Tous les critiques étrangers, Rustow le premier, trouvent que le plan était bien conçu.

(1) *Histoire de la Guerre de* 1870-71, par un officier d'état-major prussien, traduite par MM. Prim et Dieskau, officiers belges. — Chez Tanera, à Paris.

(2) MM. Trochu, Fiereck, Borel, Billot, Cremer, etc.

Seul, le général Chanzy, dans sa déposition devant la Commission d'enquête du 4 septembre, a blâmé cette division de nos forces en deux armées. Nous comprenons très-bien que le général Chanzy, dans sa position particulière, ne jugeant les événements qu'au point de vue spécial de son armée, ait dû regretter de ne pas avoir eu au Mans toutes les forces françaises à sa disposition. Certainement, si les conditions fussent restées les mêmes pour l'armée prussienne, l'armée de Frédéric-Charles eût subi au Mans une complète défaite. Mais il est présumable que les corps de Zastrow et de Fransecky, au lieu de marcher contre Bourbaki, seraient alors venus renforcer Frédéric-Charles. En outre, comme le géant de la fable qui reprenait des forces en touchant à terre, l'armée prussienne, à mesure qu'elle se serait rapprochée de Paris, se serait accrue de nouveaux renforts tirés de l'armée assiégeante, en sorte quelle se serait trouvée sous Paris plus puissante que jamais.

C'est que le déblocus de Paris par l'armée de la Loire était, à vrai dire, une marche directe, une attaque de front d'une armée contre une autre armée.

La diversion dans l'Est était au contraire une opération stratégique au premier chef, une de ces manœuvres sur les flancs et les lignes d'opération, recommandées comme les plus efficaces et les plus employées par les illustres capitaines, une de celles dont les conséquences sont les plus décisives, puisqu'elle tendait à couper d'un seul coup toutes les communications des armées prussiennes avec l'Allemagne.

Car, comme l'observe judicieusement Blume, il faut aux armées modernes, comme voies de communication, des lignes ferrées.

Toutes les armées allemandes allaient à la fois se trouver en l'air, au milieu de la France, et privées de munitions.

C'était donc amener, non pas directement par une bataille livrée sous Paris, toujours plus ou moins chanceuse, mais stratégiquement par ce beau système de marches, si à juste titre préconisé par Guibert, le déblocus de la capitale. En ce moment encore les deux systèmes de l'attaque directe et de l'attaque stratégique, par un mouvement tournant, se trouvaient en présence, non plus *tactiquement*, comme sur un champ de bataille, mais *stratégiquement*, sur une vaste étendue de pays.

« *Il y a deux manières*, a dit Napoléon, *de forcer l'ennemi à abandonner sa position ; la* « *première est de l'attaquer et de l'en chasser, et la deuxième, de manœuvrer de manière à* « *ce qu'il ne puisse plus la tenir.* »

Le déblocus de Paris par l'armée de la Loire appartient à la première manière ; ce même résultat, obtenu par une diversion dans l'Est, appartient à la deuxième manière.

« *Quand deux armées*, dit-il encore, *sont rangées en bataille et que l'une d'elles ne pos-* « *sède qu'une seule ligne de retraite, tandis que l'autre peut se retirer dans toutes les direc-* « *tions, tout l'avantage est du côté de celle-ci.* C'est alors qu'un chef doit être assez hardi « pour frapper de grands coups et manoeuvrer sur les flancs de son ennemi. »

Ce principe dictait au gouvernement de Tours sa conduite. Le problème à résoudre consistait à se placer perpendiculairement aux lignes de retraite prussiennes, en réoccupant l'Est.

La nécessité, l'efficacité d'une expédition dans l'Est une fois admises, nous devons rechercher à quel moment et dans quelles conditions ce mouvement devait s'exécuter.

Tout le monde est d'accord aujourd'hui que le défaut capital de la diversion du général Bourbaki dans l'Est est d'avoir été exécutée trop tard. Eût-elle réussi qu'elle n'atteignait pas son but principal — le déblocus de Paris, — car alors les vivres étaient rares et la faim allait obliger la capitale à se rendre.

C'est vers le milieu de décembre qu'était l'instant propice d'exécuter cette belle conception stratégique. Sa réussite réalisait alors toutes les espérances fondées sur elle.

Nous avons démontré qu'on eût dû mettre à profit, pour opérer ce mouvement, la bataille de Nuits, et l'étude des événements qui se sont succédé depuis prouve que c'est en Bourgogne qu'aurait dû se jouer le premier acte de ce grand drame militaire. Une fois Werder écrasé, anéanti sous Dijon, grâce à l'effet moral, aussi bien qu'à l'écrasante supériorité des Français, grâce à l'éparpillement des forces allemandes dans tous nos départements de l'Est, la victoire était assurée ; nous marchions de triomphes en triomphes faciles ; car, à l'exception du corps qui, sous Treskow, assiégeait Belfort, nous n'allions plus avoir à combattre que de faibles détachements. Notre marche allumait aussitôt un embrasement général dans nos provinces de l'Est, qui, entamant sur les derrières, sur les communications des Prussiens, une guerre de guérillas, aurait abouti au même résultat pour les Prussiens que l'effort héroïque de nos paysans champenois en 1792. On aurait vu alors ce que c'est qu'une guerre nationale.

Au milieu de décembre, la France ne comptait pas les ressources en hommes et en artillerie qu'elle posséda quinze jours plus tard ; elle ne pouvait pas, sans inconvénient, par trop affaiblir l'armée de la Loire. Ce grand effort en Bourgogne devait donc être fait principalement avec toutes les forces que nous avions dans l'Est ; on devait le renouveler, avec une indomptable ténacité, par une série de retours offensifs, jusqu'à ce qu'il eût abouti.

Toutefois, la présence de Garibaldi en Bourgogne était un obstacle insurmontable à la réalisation de ce vigoureux dessein.

« *En guerre*, dit Napoléon, *la chose la plus importante, c'est l'unité du commandement.* « *Deux armées indépendantes l'une de l'autre ne devraient jamais agir sur le même théâtre.* »

Or, on l'a vu par l'énergique déclaration au Ministre de la guerre du général Rolland, il n'était pas plus possible de placer les généraux français sous les ordres de Garibaldi, que de donner à Garibaldi une position subordonnée.

On ne pouvait même pas compter sur le sérieux concours de Garibaldi, puisque, d'après le général Bordone, « *il avait eu le courage de déclarer au Ministre qu'il n'était pas* « *en état, pendant tout le mois de décembre, d'entreprendre une opération de longue haleine.* » Or, c'était plus qu'une opération de longue haleine, c'était un assaut qu'il fallait livrer à Werder, avec rage, répéter avec obstination, jusqu'à forcer le succès.

Il était donc tout d'abord nécessaire, pour obtenir l'unité de commandement, de déplacer Garibaldi de la Bourgogne. On l'eût utilisé sur quelque théâtre secondaire. Son départ était le signal du commencement de la grande guerre, car, comme l'a dit justement un historien allemand, « *Werder a eu à soutenir en Bourgogne une véritable guerre* « *d'Espagne.* »

On aurait placé, vers le 10 décembre, toutes les forces de l'Est sous le commandement suprême d'un seul chef. Ce général n'eût pas résidé à Lyon, mais se fût porté sur le théâtre même des opérations, pour leur donner par sa présence une vigoureuse impulsion et pour faire aux manœuvres les modifications exigées par les circonstances.

« *Il est très-rare*, dit Napoléon, *que des circonstances imprévues ne modifient pas le plan* « *de campagne le mieux combiné ou celui d'une bataille. Le signe le plus sûr du talent, du* « *commandant en chef, c'est la promptitude avec laquelle il modifie ses plans, selon les* « *circonstances.*

« *Les plans de campagne peuvent se modifier à l'infini, selon les circonstances, le génie du* « *chef, la nature des troupes et la topographie du théâtre de la guerre.* »

Or, comment un chef modifierait-il à temps ses plans, s'il n'était pas sur le théâtre de la guerre ?

Le général commandant à Lyon aurait exclusivement consacré ses soins à l'organisation des troupes, et à mesure qu'elles eussent été prêtes, les eût dirigées sur les points désignés par le commandant en chef.

On pouvait ainsi réunir dans l'Est quarante mille hommes avec cent bouches à feu (Bourbaki en avait près de quatre cents), les aguerrir par des escarmouches journalières, puis les concentrer rapidement sous Dijon et livrer bataille à Werder.

En admettant que, par le manque d'expérience et de cohésion, nous eussions subi un échec grave devant Dijon, rien n'était perdu ; car il suffisait, pour porter le dernier coup à Werder, de tirer un seul corps de l'armée de la Loire et de le porter rapidement à Beaune ou à Nuits. Mouvement qu'il était facile de cacher à l'ennemi, car il ne s'agissait ici que du transport d'un seul corps, et au début de la campagne de Bourbaki, les 18e et 20e corps étaient débarqués à Chagny et à Châlon que Werder l'ignorait complétement.

Une fois Werder détruit à Dijon, on se portait à marches forcées sur Belfort, pendant qu'on lançait des *raids* en Alsace-Lorraine pour soulever les populations et surtout pour faire sauter tous les ponts et tunnels des chemins de fer.

Que fallait-il pour exécuter cette opération ? Un chef intelligent, énergique, prompt à réparer les fautes, incapable de découragement et de défaillance.

De l'étude à laquelle nous venons de nous livrer, résulte pour nous cette conviction que, malgré leur longue, patiente et savante préparation de la guerre, malgré des désastres inouïs dans l'histoire, la France aurait encore pu réussir à chasser de son sol l'étranger, si l'on eût avancé d'un mois la diversion dans l'Est.

Malheureusement les événements qui se succédaient avec une si effrayante responsabilité, les espérances fondées sur l'armée de la Loire, ses besoins en hommes et en munitions qui absorbaient presque totalement les ressources de la France, l'attention du gouvernement dirigée sur cette armée, au moment *précis* où il fallait agir dans l'Est, n'ont pas permis d'exécuter cette opération en temps utile pour débloquer Paris.

Notre but, par ces réflexions, est de préserver nos concitoyens du découragement, car si nous avons été vaincus, la faute en est tout d'abord au manque total de préparation sous l'Empire, à la disparition presque complète de notre armée régulière, dans les catastrophes de Sedan et de Metz, enfin à une succession d'accablants contre-temps.

Il a fallu toutes ces causes réunies pour que la France succombât.

Preuve de l'étendue de ses ressources !

Les Prussiens le savent bien. Aussi, loin de s'endormir sur leurs lauriers, redoublent-ils d'ardeur.

Puissions-nous les imiter et ne pas encore une fois, après d'aussi rudes leçons, être pris au dépourvu !

FIN.

ERRATA.

PAGES	LIGNES	AU LIEU DE :	LISEZ :
30	2e de la note	La 3e luttait sur la Loire . .	la 2e.
45	30	le colonel du 32e, M*** . . .	M. Hocédé.
47	4	Remirecourt	Remiremont.
64	31	près de . . . . · .	de.
70	6	rive gauche	droite.
86	31	Portaillier	Pontaillier.
95	35	20e corps	7e corps.
98	17	tâcherait.	tâchera.
99	5	Nord-Est	Nord-Ouest.
100	10	26 novembre	25 novembre.
101	29	Auxon-sur-Doubs	Auxon-sur-Aube.
104	36	Il laissa à Dijon	Autun.
120	13	Verdun	Dijon.
128	13	armée française	armée des Vosges.
148	28	l'inspiration	l'inspirateur.
149	6	importance	importante.
150	29	M. Williame qui au moment .	M. Ollivier.
175	17	Ce sont . . . . . , . . .	Ce furent.
180	40	sous-officiers	officiers.
189	12	tous les ans.	tous les 10 ans.
190	25	vôtres	nôtres.
202	22	Favry.	Farcy.
221	29	travaillés.	travailler.
233	2	essayait	essaya.
240	28	généraux.	ingénieurs.
255	8	généraux.	nos généraux.
270	4	avons.	avions.
277	21	officier	ouvrier.
284	20	il lui eût été impossible . .	lui eût-il été possible.

TABLE DES MATIÈRES

DE LA CAMPAGNE DE L'EST ET DE L'APPENDICE.

			PAGES.
Préface.	—	. . . .	11
Chapitre I.	— La capitulation de Metz.	7
—	II.	— Entrevue de Crevisier et de Cremer avec M. Gambetta	19
—	III.	— Campagne du général Cambriels dans les Vosges	25
—	IV.	— Opérations de Garibaldi autour de Dôle. — Prise de Dijon . .	58
—	V.	— Opérations de Garibaldi en avant d'Autun à la fin de novembre.	99
—	VI.	— Opérations du général Cremer depuis la fin de novembre jusqu'au 10 décembre.	178
—	VII.	— Opérations du général Cremer du 10 au 25 décembre. — Bataille de Nuits	316

Nota. — Voir le sommaire de ce chapitre à l'appendice, page 5. — Le chapitre doit finir page 346, au départ d'Olzewski, et se continue dans l'appendice, page 7.

| Chapitre VIII. | — Appendice (Opérations de Garibaldi du 2 au 25 décembre). | 65 |
| Conclusion. | — Appendice . . . . | 80 |

www.ingramcontent.com/pod-product-compliance
Lightning Source LLC
Chambersburg PA
CBHW070854280326
41934CB00008B/1438